新中教育丛书

青春练习曲

——新中高级中学学子风采集

刘爱国 主编

上海教育出版社
SHANGHAI EDUCATIONAL
PUBLISHING HOUSE

编　委　会

序

　　青春，是一个引起种种美好遐想的字眼；青春，也是人生中最美好的一段时光。《青春练习曲》是继《心中飞出的歌》之后，反映我校学子生活的又一部作品。《心中飞出的歌》是我校学生的优秀作文选，而本书则再现了我校学子缤纷多彩的生活。虽然作品的侧重点有所不同，但都体现了新中学子的才华和才情，可以说是反映我校学子精神风貌的"姊妹篇"。

　　当前，我们的教育正在从关注"冷冰冰的分"向关注"活生生的人"转变。我们清醒地认识到，新中高级中学作为一所上海市实验性示范性高中所承担的历史重任。社会发展、科技进步和经济振兴都对学校教育提出了更高的要求。我校秉承"为学生终身奠基，让学生终身怀念"的理念，致力于学生的身心健康发展，引导学生树立和践行社会主义核心价值观，并培养学生具有健全的人格和高雅的情趣。为此，我们在几年前就提出，从新中毕业的学生，人人都要拥有"四证"，即大学学生证、体育运动专项合格证、拓展型课程结业证或社团团员证、社会实践或国内外考察记录证。我们欣喜地看到，这和不久前教育部公布的《关于加强和改进普通高中学生综合素质评价的意见》的精神是一致的。

　　我非常欢迎朋友们能来新中高级中学，看看我们美丽如画的校园，更看看我们洋溢着青春活力的学生。而我们这部作品中的主人公，那些冒着骄阳军训被晒脱了一层皮的少男少女们，怀着实现文学之梦的心愿赴乌镇采风的"凝眸"文学社的小秀才们，在辩论大赛中指点江山、舌战"群儒"的辩论高手们，昔日人气爆棚的"校园歌手"桂冠获得者如今即将成为飞上蓝天的东航飞行员，已经踏上工作岗位甚至为人父母，但对新中生活仍恋恋不忘的校友们……当然，还有那些称自己的老师为"XX 亲妈""XX 阿姨""XX 姐姐"的调皮鬼们，那几位老是在熄了灯后还喜欢"卧谈"，和宿管老师斗智斗勇让人哭笑不得的小淘气们……他们，永远是新中校园里最美丽的一抹亮色。

青春是美丽的，当然青春之美或许也会带有一点难以避免的青涩和稚拙。当我们新中的学子在"青春练习曲"的动人旋律中追逐自己的梦想时，我衷心地祝愿他们梦想成真。

2015 年 5 月

CONTENTS｜目录

快乐舞曲

　　"若没有文学社，我应该不会有一次如梦的行走，也不会静下心来去倾听这个小镇的一段又一段的故事。

　　社团的每一次上课，都如同一次心灵的洗礼，让我感受到了课本之外更加丰富的世界。我爱新中给予我的每一抹色彩，因为它们不仅为我的校园生活添彩，更为我的心灵增添光彩。"

赤诚的爱于新中

梅京京

如果说我爱你，我想那太过虚情假意；如果说我怨你，我想那太过偏激，如果说我依赖你，我想那不足以表达我的情意，但如果说你开启了我的梦，我想那应是最贴切的诠释。

第一次听闻你，遇见你是在初三体育中考之时。犹记得当时十分紧张，但当我遇见你之后，便沉醉在你的美丽中，放眼望去，遍地的绿色让我心旷神怡。当时我便暗暗发誓，要在你的怀抱中学习！

这颗梦想的种子渐渐在我心里生根发芽，我不断朝着它努力。终于，我来到了你的身边，我实现了这个梦。

新中，叫我对你怎么说？你给了我前行的动力，给了我一个美丽的梦。

好不容易盼到开学，我迫不及待地拎着我全部的行李奔向你。可是，在面对那紧张的课程，听不懂的知识点，每天奋战到凌晨后，那天真的白日梦被你打得支离破碎。我想，我只看到你的美丽，却未想过你的严厉。

但我并非服输之人，遇强则强是我的特点，我想我会征服你！

新中，叫我对你怎么说？你给了我希望，却又让我在荆棘中成长。

时光如流水般滑过指尖，转眼我与你日夜相伴已近三个月，我渐渐习惯了你，也渐渐开始独立。那挑灯夜战我已经不会感叹，那紧张的课程我已经不会抱怨，那难懂的知识点我已经不会厌烦。我再一次沉迷在你缤纷的世界里，再一次有了自己的梦想。你给了我展望未来的机会，推我再一次扬帆起航。

有人说，书是作家的摇篮，承载了作家的梦，那么，你岂不也是我的摇篮，承载了我的梦。喜、怒、哀、乐汇成一条记忆的长河，成为我梦想道路上一道最美的风景。

新中，叫我对你怎么说？此刻，我想，一句话足矣：

梦在新中，爱在新中，爱，在心中！

印　象　新　中

王媛妮

　　旅游书上都建议，去一个地方最好住上一段日子，因为只有对当地文化的长时间接触，才能更好感受当地的风情。一年下来，作为一个高一就住宿的学生，我对学校的感情，怎可用一个字就能说清道明呢！

　　第一眼看到新中高级中学，第一印象就是"大"。我从南门进入校园，幢幢鳞次栉比的教学楼、体育馆、宿舍楼，阳光下闪着金光的大操场，以及随处可见的各种花花草草……看得我目不暇接。这是我第一次进入高中，校园里的建筑错落有致，曲曲折折，看上去觉得"大得无边无际"，当时心里的想法很简单：以后一定要找个机会好好逛逛校园！

　　第二印象就是"严"，在军训时体会尤其深刻。严格的课程安排——临近六点半，未适应住宿生活的住宿生们放下手中洗了一半的衣服，冲刺般奔向教室，在铃声前准时跨进教室，开始宁静夏夜中的晚自习；严格的军事化训练——一次次重复同样的动作，第一排手臂摆得太高，重来！擦裤缝的声音不够响，重来！严格的宿管阿姨——十点一刻准时铃响熄灯，房间里一旦有声音就会被她敲门警告……当时心里还是挺埋怨学校如此严格的管理，在我的观念里，人情总应大于规矩的。后来举办了学生节，主题就是"方圆之间"，我才明白，学校、老师、同学、自己，都应该是个整体。没有规矩，不成方圆。规矩，就是把所有人的权利与义务公平化。

　　第三印象是"隆重"。第一次举办中秋游园会，不像初中举办活动时那样死板与小家子气，那一天，整个校园被学生掌控，cosplay 表演、舞蹈秀、魔术屋……还有外校学生前来参与，走廊上连绵不断的人潮激起了所有人的热情。在我脑海里，这是第一所如此重视学生文化，如此大方地给予学生空间去展示自我的学校。那真是一个名副其实，专属学生的节日啊！

　　第四印象便是"温馨"。平时的寝室真的就是一个睡觉的地方，我们日出而做，日落而归，在寝室里便是屈指可数的几个小时，洗洗衣服，睡睡觉觉，除了同寝室的，跟谁也不熟。有那么几天，不用上晚自习，从六点半到熄灯的十点半，如此漫长的时间，作为本来就喜欢扎堆的女生，怎么能不去串串门呢。本来不大的一个四人寝室一下子挤进了十个人，有的坐在柜子上，有人坐在拖鞋上，有人铺张报纸直接席地而坐，大家围成一圈，话题接连不断，作为独生子女的我们体会到了离家住宿的温馨。

……

我还要在这里两年，我想省略号里还会有我更多的第五印象，第六印象，第 N 个印象……

这里的美，这里的四季

李怡慧

　　曾几何时，当我还不属于这里的时候，就被这里的美深深吸引，如今，已在这所学校待了一年的我，依然被这里的魅力所折服。而这里的四季，更是散发着那独特的、无与伦比的光彩。

　　春日，午后，温暖舒适。

　　阳光，懒懒散散的。太阳随意挥一挥衣袖，为天空抹上层层金光；发梢飘起来，将金光闪烁不定地留在窗台边；裙摆亦随风而起，飘荡在天空中，洒在操场上，洒在那方草地上。小草们躺在那泥土上，横七竖八、东倒西歪，肆意地享受着和煦的阳光，倾听着那时暖时凉的微风，时而和着风浅吟低唱。它们的脸紧贴土地，感受那沁人心脾的泥土气味。抱着足球的男生悄悄地离去了，他们似乎不愿打扰这片草地，不愿用球场的厮杀声破坏这里的宁静与安逸。而女生，则是更迷恋这样的宁静，都躺在草地上，手枕在脑后，时而聊上两句，时而沉默，望着无边无际的天空，发着呆，想着永远想不尽的心思。

　　春日，这校园的美，来自这午后，来自这方草地。

　　初夏，黄昏，霞光灿烂。

　　斑驳陆离、五光十色的晚霞把半个天空都织成了发光的锦缎。血红的夕阳，在散乱无章的云霞中徐徐下沉，它把蔷薇色的斜晖，留在这里。那红砖瓦上亦跃动着片片彩霞，如小精灵般舞蹈、腾飞、旋转、跳跃。那座喷泉，更是光彩夺目。那只海鸥，伸展着宽广而有力的翅膀，高昂着头，挺立在水池中央，似乎是在聆听，聆听远方海的呼唤；似乎是在等待，等待着时机，准备随风而起，一飞冲天；又似乎在思考、在汲取、在储备体力，为明日的遨游、未来的奋斗做准备。水，从雕塑的头顶喷涌而出，划出一道道美丽的弧线，落在池边，溅起一朵朵水花，晶莹剔透。渐渐地，夕阳沉下去了，带走最后一抹余晖，薄雾升起来，像一群鸟儿贴着寂静的小巷低低盘旋，朦朦胧胧。

初夏，这校园的美，来自这黄昏，来自这座喷泉。

深秋，午间，落寞凄冷。

虽说已是中午时分，但太阳依然害羞得像小姑娘似的，硬是往云层背后躲。风，有一阵无一阵地刮着。它穿过教学楼，玩弄着旗帜；它越过操场，追逐着麻雀……最后，它轻轻一窜，来到了小树林里，殊不知，惊起了一群鸟儿，鸟儿们急急忙忙从各个角落探出脑袋，扑闪着翅膀，也不顾外面是风是雨，全都飞走了！而树们，只是微微欠了欠身子，摇晃两下肩上的树叶，算是向风打了个招呼。风怒了，它绝不能忍受这般无礼，于是，在树叶间上蹿下跳，翻滚着、嘶吼着。树枝也经不住剧烈地晃动起来，上下左右，胡乱地在空中画着什么。风累了，慢慢地停了下了。而树梢的那片叶，还在晃动，但很慢、很慢，只是无力地挣扎，似乎很依恋、很不舍，但最后还是挣脱了树，晃晃悠悠地飘落了。

深秋，这校园的美，来自这午间，来自这小树林。

初冬，清晨，雾气氤氲。

大雾光临了这里，弥漫在空中，游走在各个角落。它把爪子伸向朝霞，朝霞一闪，躲开了。雾狂笑着，慢慢地吞噬了一切，并将那条跑道阻隔起来，砌起一堵堵看似坚不可破的围墙。在白茫茫的烟雾中，世界一下子静下来，一切都默不作声。但忽地，又喧闹起来。浓雾滚涌着，四下看了看，轻蔑地笑了，是他们啊！可是，浓雾万万没有想到，那堵雾墙，竟形同虚设。他们一齐走向跑道，拨开层层云雾，奔跑于其中。那雾，依然不消散。它飘浮不定，时而贴着男生的脚步，紧紧跟随着；时而飘拂在女生的马尾辫上，俏皮地跃动着；时而和着跑步者急促却均匀的呼吸声，一起蹦跳着。它飘来浮去，时而均匀地散布在跑道上，时而飞升于空中，时而萦绕于那青春的脸庞……

初冬，这校园的美，来自这清晨，来自这条跑道。

这春日午后，这初夏黄昏，这深秋午间，这初冬清晨，构成了这里的四季，令人沉醉其中；这草地，这喷泉，这小树林，这跑道，造就了这里的美，令人魂牵梦萦。因为有这些，这所学校才会永远熠熠生辉。

曾以为是喜欢这里的四季，曾以为是迷恋这里的美，曾以为是……

其实，都不是！而是，我对这里的爱一直浓烈不减。

忽而又至夏

毕雪峰

"站在彼岸，望见了那时的我们，懵懂地、小心翼翼地推开未来的门，太阳的利剑刺得我们睁不开眼。"

前些天看文章看到这段话觉得很动容，初三毕业要上高中时可能有这种感受，对高中生活很期待、很憧憬。时间过得可真快啊，如今已是高中的最后一个暑假了。

只有快要离开这个校园才会深刻回想起它带来的美好。记得今年高考最后一门结束的那个下午，我站在寝室窗前看到一波一波的学长学姐们离开校门，百感交集。又是羡慕又是失落，转眼就变成准高三生了，而明年这个时候走出校门的就是自己了。听到楼下传来学长们解脱后的嘶吼声才意识到，他们就要永远失去这片曾经视为"炼狱"的校园绿荫。

我想那时候卸下高考重担后才有心绪开始缅怀这片又爱又恨的土地了。

可即使现在还没到那个时候，但接下来的一年面对高考的压力也没有更多机会和精力来审视校园，来参与它更多的活动了。高一高二这两年，该经历的也都经历过了，也许这期间有收获，有不如意，但这是属于自己的经历，没有后悔，只有热爱。

自己一向觉得最值得的是住宿生活，和室友笑着说随着年级增长教室楼层是越来越低，可这寝室是越爬越高。偶尔心情不佳或心情极度畅快时的寝室夜谈，往往从一个笑话侃到人生大事和未来理想，但又每次担心宿管老师敲门，猛从高分贝到低声而来的窃笑，然后自己疲倦了最先睡去或是有时伴着室友的微鼾声和磨牙声躺倒。这段掏心掏肺吐露心声的时光怕是从来没有过的，所以它珍贵。还有晚自习，自习时的专注安静，下课时的嬉笑打闹。还有最热的时候一边抱怨一边认命然后又一边在下课休息时和小伙伴们偷偷地（请老师们见谅）跑到实验楼教室吹空调。真是想想都可爱的时光呐！比走读的同学多了一份记忆，多了一份回味。不管以后我们分开到了什么地方，我都会挂念你们，我的小伙伴们。

还没到头的日子，我就开始怀念，害怕到时没有那么纯粹的心情了。

班级生活自不必说，无论是分班前还是分班后都感到愉快的氛围。可爱的老师，搞怪的同学，上课有调笑声，下课有嬉笑声。还有中午像幼儿园小朋友似的被老师逼着睡觉，老师在的时候装睡，走了以后又睁眼。这些都是独一无二的点滴，不必我一一赘述，我们想起来都会会心一笑。

"跑不完的操场，原来小成这样。"听林宥嘉的《心酸》唱到这句时才格外心酸。忽而又至夏，我们现在站在彼岸，正在过岸，却只不过是这个夏天到那个夏天，太阳依旧晃眼。

"蓝色的思念/突然演变成了阳光的夏天/空气中的温暖/不会更遥远/冬天/已仿佛不在留恋/绿色的思念/回首对我说一声/四季不变/不过一季的时间/又再回到从前/那个被风吹过的夏天……"

庭院深深深几许

夏　辉

在繁华都市的一隅，有我亲爱的校园坐落在那里，像是闺阁中端庄的女子，在深深庭院中演绎着琴棋书画的神韵。

在一个日暖生烟的午后，蝉鸣断断续续，初次邂逅，未能将其览尽，只有一处小径影印在我记忆中。曲径通幽处，枝叶葱茏，日影斑驳，一处宁静的景致懒懒地躺在午后的时光里。初识，仿佛庭院深深，不知几许。

很久以后，我突然意识到，我将在这座校园中度过一段青葱的岁月，那时正值丹桂飘香。这座大大庭院，仿佛在最深最深的角落里，也有花香缱绻。循着小径行走，风鸣如琴声，景致如彩绘，独步而去，愈发陶醉，可是庭院又能深入几许呢？往来百步罢了。花香能够抵达的地方，也许我一辈子都无法达到，百步之外，花香依旧浓郁，却已出了庭院之外，一时间我并不能走出去。

这处小径在两栋砖红色宿舍大楼之间，裹在两侧香樟的树荫中，它的一端是单车往来的地下停车场。那时微风轻拂，我最爱它。

当这一阵爽朗的秋风吹过了，冬天一层一层地剥去周遭的绿色。可是，这条小径、这处庭院它是难以掌控的，绿色，变得深沉起来。清晨或是傍晚，单车晃晃，人影憧憧，那深沉的绿色变得鲜活。然而整个白天，绿色愈显苍翠，一直以来，这条小径都以它最真诚的方式静默地守候着庭院的主人，时光荏苒，亘古不变。

不止这处小径，这整个深深庭院，与往来其间的莘莘学子，同呼同吸。那时书声琅琅，我最爱它。

初春送来繁花似锦，小径之间，草长莺飞，落英缤纷。我已经将整座庭院走遍了，这里的一花一草似乎也与我相识。或许唯独历经了三年寒窗，与她同风雨，才能相知相守吧，可是那时，真的就要作揖告别了。书读了那么久，深居庭院数载，难道只言一句"时光短浅，岁月静好"便能匆匆了结这段缘分吗？或许不是的，有些东西，是她交予我的，一声蝉鸣，一阵花香，以及琅琅的书声，单车划过的清晨与傍晚、春夏与秋冬，甚至是我寄存在她那里的我的青春、我的梦想，以及千千万万的喜怒哀乐，这一切的一切，都在那处深深的庭院里，熠熠生辉。

庭院深深深几许？未来的某一天它必将成为回忆的深度。

今天，我再一次从幽幽曲径走过，一路花香随行，走至尽头，蓦然回首，路依旧是来时路。向前张望，这才明白，未来总是在花香浓郁的远方，我将径直而去。

我在"爱马"

张心怡

仔细想想,进入新中这个大家庭已经一年了。相比在别的学校的初中同学们,我一直觉得当初选择新中真是一个极好的决定。在这个校园里面,我体会到了许多在我的生命中前所未有的经历。比如说住宿、和同学们一起编排舞蹈、开展主题班会等,但令我印象最深刻的还是我的社团活动。

在高一刚入学的时候,学长学姐们就纷纷来到各个班级为社团招生做宣传。那时对于这个校园还很陌生的我在这种氛围之下也不禁兴奋起来。看见学长学姐们那么热情澎湃,加入我喜欢的社团就是我当时唯一的想法。

爱马戏剧社,第一次听到这个社团的名字的时候我就被深深地吸引住了。戏剧,这是我从未接触过的领域,于是我报了名。抱着不进就不参加社团的决心,很幸运,我成了这个社团的一员。

前几次,我们做了自我介绍。我看到了热情的学长学姐们,一股亲切感油然而生。在日后的社团交流中,我也充分体会到了这个集体的热情。

每周二中午的社团活动让我对于爱马戏剧社有了更深的理解。一次次的活动也让我充分融入了这个社团。我们是一群业余爱好者,但我们不断努力想要表现得像专业人士,就如同我们的偶像一样。我们在天台上大喊台词。"我这样纪念我们渺小而伟大的青春。""傻瓜,我们还没开始呢。"这是我第一次喊出来的台词。正午的阳光照在我们身上。我们就此谱写着青春中的每一个章节。

第一个学期的最后,我们拍了一个小视频。主题是"Don't give up the adventure."这对于我来说,不仅仅是一个视频,更是宝贵的一节课。生活虽然现实,但是也不要放弃冒险,只有冒险才能让你放开自己,一如我们社团的理念就是"我们越用力表达,越接近自己。"

高一的下学期,我们在新中音乐厅举行了一次大型演出。这是爱马成立五年来的庆祝。看着满满的观众席，我既紧张又兴奋。这是我第一次站在那么大的舞台上演出。虽然有很多不足。但也是我这辈子不可多得的经历。就在这一年，爱马经历了一个转折点——改名字。虽然只在这个社团待了一年，可是听到改名字还是会有莫名的难过，可能我已经把自己充分融入这个社团里了吧。

经过高一一年的努力，我有幸当上爱马戏剧社的社长。这份殊荣是我这辈子最宝贵的财富之一，也是我整个高中生涯与别人不同的经历。社团丰富了我的青春，也为我繁忙的高中生活增添了一份多彩的回忆。

辩 论 之 光

张家豪

高中生活是多姿多彩的，刚进高中，我的校园生活便多了新的部分——社团活动。

初进校园，我便被琳琅满目的社团招新广告所吸引。当时，我便期待着这多姿多彩的社团生活，盼望这一抹新奇的阳光，能给我的高中生活铺染上一层黄色的光芒。

我依然对社团招人那天的情景记忆犹新。"快来我们这！""学弟学妹们来我们社报名啊！"此起彼伏的呼喊声接连不断，震耳欲聋的声音响彻整个交流大厅，我还是头一次在学校看到如此震撼的场景。各式各样的社团层出不穷。看着学长们卖力地叫喊，心头不由得也涌起了莫名的兴奋。

最后，我加入了我心仪已久的辩论社。在加入之前，面试是必要的关卡。虽然在面试时有些小紧张，不过，学长学姐们温和的笑容让我如沐春风，面试自然而然地也就通过了。

在辩论社中，气氛是相当活跃的，平日里小比赛也是接连不断。记得第一次比赛那场，我是正方四辩。比赛前，我特意为此准备了很久。上网查阅了大量资料，准备了一份自以为不错的辩稿。比赛前一天晚上，我在床上辗转反侧，难以入眠，既紧张又期待。

可是，毕竟是第一次比赛，尽管只是一次小比赛，但是当天的我在站起来发言时，腿却是不住地颤抖，连带着声音也是"颤音"。当时我尴尬极了。可能是看出了我的紧张，学姐叫了暂停。随即，她递了一杯水给我，并说道："放轻松，没关系的，第一次没经验，随意点就行了。"

或许是她的话对我起了作用，我渐渐能控制我颤抖的小腿了。虽然，结辩时依然是结结巴巴的，但比赛结束后，我有一种难以言语的快感。胜负已经不再那么重要，我渐渐喜欢上了这种辩论的感觉。

　　还记得那时正值中午，耀眼的骄阳正照耀着操场，草地闪耀着一片黄灿灿的光芒。我明白，社团已成为了我高中生活不可或缺的一部分，就像这灿烂的阳光一般，陪我度过这三年的难忘时光。在高一的这一年里，我参加了数场大大小小的辩论赛，虽比不上别人妙语连珠、巧舌如簧，但是在每一次比赛中，我一直紧张而又兴奋地进行答辩。高中，我注定要与辩论"相交"，它是展现我光芒的舞台，就让黄色的希望之光，在辩论中更加明亮。

　　七彩校园，这只是无数校园生活的一部分罢了，但是，它将是我一生珍藏的宝贵记忆。

社团生活乐趣多

王君艳

校园生活，可谓是酸甜苦辣应有尽有，只有你想不到，没有你遇不到，实在是精彩纷呈。

记得刚进入高中的时候，学习压力很大，在忙碌的学习生活中也有许多事情能给我带来乐趣，社团活动算是其中最重要的一部分。

第一次看到学校电视台的工作是在军训的时候。远远看到有几位学长学姐扛着摄像机、单反等一系列拍摄工具在我们军训期间拍摄我们的军训过程。望着那些大汗淋漓但仍扛着机器坚守岗位的学长学姐们，我不由得心生敬佩。后来的社团展示过程中，我了解了电视台的组成和工作内容，便决定加入电视台。

面试的时候，坐在镁光灯下，面对着摄影机，说不紧张那是假的，我尽量让自己放松且完整地说出一整段话，可还是结巴了几次，等待结果的那几天，仍是有些忐忑。当得知我通过了面试时，心中的愉悦不言而喻。

每个周二中午的一个半小时，几乎都在社团里度过。坐在演播厅里，听着老师和学姐们讲述这一周的任务和需要改进的地方，总觉得收获颇丰。

中秋游园会的时候，电视台毫无疑问是要全体出动的。面对一张张热情高涨的面孔，我们的情绪也被带动起来了，四处走动寻找好玩的地方，用摄像机和单反一一记录下来。第一次，我在摄像机前做了采访，天气很热，我的头发有些被汗水浸湿，狼狈地黏在额头上。第一次的采访形象并不美好，录的时候NG了一次，我紧张得手心冒汗，倒是被采访的学姐十分淡定，接过话筒侃侃而谈——问题来了，作为采访者，话筒是不能递出去的，当时没意识到这一点，后来被教育了一番，从此谨记在心。

中秋游园会后不久就是学生节，电视台仍要出去拍摄、采访。给我印象最深的恐怕就是那时候节目的录制了吧，电视台要把学生节几乎所有的表演活动包括朗诵、课本剧、歌手大赛等以光盘的形式刻录推广，所以这次宣传所负责的就不仅仅是采访，还包括声音录制，俗称"举话筒"。因为机器架设的地方和舞台有一段距离，那么远采集声音可能会有噪声，我们一个个都使出浑身解数，或蹲或跪，或坐在舞台前的地毯上，尽一切可能让声音录制更清晰，保证光碟的质量。

再后来，就是东方绿舟的军训了，虽然只有短短三天，却真正锻炼了我们这批电视台工作人员的能力。从各种细节着手，拍摄的照片、视频和采访片段都是我们的心血，虽然回来后才发现摄像的白平衡没有调好导致视频的色彩不尽人意，但却都是我们辛苦努力的结果。

社团生活乐趣多多，为我们的七彩校园添上了浓墨重彩的一笔。

你所不知道的动漫社

尤文婕

"NKM 动漫社，N 代表的是 New，K 代表的是 Knowledge，M 代表的是 More……"

相较其他社团，动漫社乍一听上去，就像是一帮宅男宅女聚集在一起对着那些虚拟产物进行各种幻想的组织，更别提什么学术氛围了。然而，你不踏进这里，又怎么会看到我们多努力、多辛苦，又怎么会了解这里多温暖？

台后的 cv，台前的声音

"每次一有新的歌曲，每天唯一要做的事情就是单曲循环。"曾经一位学姐这么和我们说。

cv 部的大多数人都是没有日语基础的，对于一首陌生的歌曲，第一反应就是茫然。即使有着罗马音的标注，但听和说始终有着云泥之别。

我们就走着和学姐一样的路。在上学路上听，在放学路上听，在公交车上听，在休息时间听……每天听、每天练、每天唱，直到嗓子都沙哑。

一个月的汗水，我们只为那三分钟的悦耳。直到很久以后，很多首歌以后，耳边再度响起那相同的旋律，我们已不再记得歌名，却还唱得出相同的歌词。

不知道很多年以后，还会不会……

我相信，一定会的。

台后的排练，台前的 coser

"你看得到我们的美丽，你看不到那连'辛苦'都说得太轻微的幕后。"

这世界上最丧心病狂的事，莫过于今天告诉你要排练，四天后就要登台演出。

那几天或许是我们迄今为止最疯狂的时光了。我还记得那时除了学习就是排练，我还记得女生在 12 月底 0℃的天气只穿一条短短的裙子，男生只穿一身薄薄的西装，我还记得整个生活作息全盘打乱连做梦都是舞蹈排练。

我们在空荡荡的教室里一遍遍排练，修改动作、合音乐。那时时针分针指向七点半。男生会捣乱，会拿出手机趁机拍下几张搞怪的照片，还会在抱怨我们的同时顺手扔来我们的校服外套。晚饭只是方便面，会有社长控诉"你们是不是没放调料啊"，然后角落里默默来一句"我这碗好像特别酸"。

作息打乱的我犯了胃病，吃不下早饭，晚上睡不着，整天干呕——整个人都在风中凌乱。我们的"舞蹈主教练"，她演出时所穿的衣服最单薄，硬生生把脚都冻成了紫色。她的辛酸史就是心力憔悴地召唤男生来排练。舞蹈组唯一的男生，每天和作业"交战"至深夜一两点，才躺下几个小时，又要开始这一天的学习。社长，他直到上台前的最后一分钟还在改排和叮嘱我们最后的走位。

"你不玩 cosplay，你不知道每个节目我们排了多少次，哪怕是一分多钟的舞蹈……为了 cosplay，冬天穿短裙，夏天却又要一件衣服套一件衣服……"这句话正中内心最柔软的地方。那场表演，无论是完美还是瑕疵都不重要，重要的是有些事情现在不去做，以后也不会去做了。

我不知道高中未来的六百多天里还有整个人生未来的几千几万天里，我们要经历些什么，但是高一这一年都是最值得怀念的——无论是漫画部的各位在深夜一笔一笔描绘着心中的那个漫画形象，还是同人部的男生们楼上楼下搬桌椅当苦力，哪里缺人去哪里的任劳任怨。

随着时间的流逝，这些闪亮美好的青春大概也会一并流走。不知道将来的某一天回忆起这些事，会不会体会到泰坦尼克号中百岁的 Rose 看到那些沉船物品的心情。

我们不是永垂不朽的，但我们的岁月一定是。

谨以此文铭记过去一年我们在一起的时光和流下的汗水。

一朵向阳之花

黄江越

在我的心中，有朵向阳花——模拟联合国，明媚而灿烂。硕大的花朵尽情绽放，而我踮着足尖在阳光下舞蹈。

世界的未来属于青年人，而模拟联合国活动对优秀青年人的成长与发展具有重要意义。因此，我选择了模联，对此，我毫未动摇过。

联合国前任秘书长科菲·安南先生曾在一封致模拟联合国大会的贺信中对青年朋友们说道："联合国依靠世界上每个人的努力而存在，尤其是你们这样的青年。这个世界，不久就会是你们的。"

什么是"模拟联合国"？简单说来，其实就是学生扮演不同国家的外交官，参与到"联合国会议"当中。代表们遵循联合国大会规则与流程，在会议主席团的主持下，通过演讲阐述"自己的国家"的观点，为了"自己的国家"的利益进行辩论、游说。他们沟通协作，解决冲突；他们讨论决议草案，促进国际合作。

模拟联合国会议虽然只有短短几天，但准备会议是漫长而更有意义的过程。我在会议之前要对所代表的国家或地区、所在的委员会和所讨论的议题有充分的了解，因此查找资料成为学术准备的关键。会议的准备过程，其实就是一个学术调研的过程，使我在探索中学会如何筛选有用信息，如何制订研究方法。

2012年12月份我代表澳大利亚在上海实验学校参与了第一次的模联会议。初来乍到，几乎毫无会议经验，面对四周陌生的面孔，似乎只有身上那一身帅气笔挺的西装为我加油鼓劲。直到第一次我硬着头皮举起国家牌，第一次受宠若惊般听到硕大的会议厅中响起了国家名"澳大利亚"，第一次谨慎地走上外交台进行立场阐述，第一次……这些无数个第一次便汇成了我不到一年的模联生活，充实而美好，恰似一簇簇向阳花，充满活力和希望。

此外，我还收获了很多。在这个看似短暂的过程中，团队合作精神、风度、气质、领导力和表达能力等都在一定程度上有所提升。

模拟联合国是一次绝好的了解其他国家的机会。也许你对毛里塔尼亚闻所未闻，但如果你在模拟联合国中代表这个国家，你不仅要在会前查找资料了解这个国家，而且在有过这样一次经历后也会对这个国家产生感情，不由自主地关注这个国家的新闻。当然，更重要的是通过代表不同的国家，认识到它们之间互相了解和互相包容的重要性。真实的世界纷繁复杂，如果每个国家都能站在其他国家的角度上换位思考问题，如果每个人都能够体谅和包容文化差异，那么这个世界就会少一些战火和冲突，多一些和平和快乐。而在我看来，这或许就是模联的真谛所在吧！

模联啊，愿我心中的这朵向阳之花，花盘一旦盛开，就不再向日转动，而是固定地朝向东方，永远饱含明艳的黄！

热 情 与 责 任

王旻昱

社团是学校不可或缺的一部分，新中的社团活动格外丰富多彩。

入学之前心中其实已经盘算好要进的社团，可真正等到各个社团的社长介绍完，心里的指南针好像突然乱了方向，这个好，那个也好，竟犹豫不决起来。经过多番联系和了解，我最终还是坚持了自己原来的决定——跆拳道社。

作为新开设不久的社团，跆拳道社并没有那么令人瞠目的过去，但是社长的那一招一式，一声声吼叫，完完全全把每个社员征服了。穿上崭新的道服，郑重地系上道带，此刻的我们充满期待，又有一份对这个社团的责任感。第一堂课，我们没有训练太多，更多的是听教练讲跆拳道的由来以及基本礼仪。"礼仪，廉耻，克己，忍耐，百折不屈。""无论问题大小，要坚持公平原则，慎重处理。要学会明辨是非，如果做错事要勇于承认……"懵懵懂懂的我们粗略地懂得了跆拳道的精神，而我也暗暗下定决心：既然学就要学好，并努力让这个刚刚成长起来的社团更加成熟壮大。

我们的社团活动有别于其他，都是在周五下午专门请教练来上。起初大家热情都很高，次次都很准时。后来随着学业压力变大，来的人越来越少，社长也是很无奈，每次结束都对剩下的社员说，希望你们可以坚持下来。或许是那一次社长声泪俱下的话语拨动了我们的心弦；或许是他长久练习的伤口使我们震撼；或许……自那次以后，人虽然没有以前多，但是人员却不再有变动，每个人都感受到自己肩上的责任。

高一的第二学期，更多的同学选择了埋头学习，学业压力是每个人不得不去面对的。这时我们也迎来了新一任社长。不同于前任在专业技术上的过硬，新社长靠的更多是对社团的负责和关心。为了能让大家凝聚在一起，她开始创建社团文化。一块块木板上写下了我们对社团的祝福和感受，而我在木板上则画了一个正在踢腿的学生，旁边是用毛笔写下五个跆拳道精神。这样做不仅是为了美观，更是希望下一届甚至下下届的同学能把自己更多的热情投入到社团的建设中。社团不是一个人的个体，需要的是很多人为这棵大树添上枝叶，不断将树根往地里钻，这样才会更坚固、更牢靠。

现在的我即将高二，或许已没有那么多的时间和精力倾注在社团的建设上，但是我永远不会忘却自己在社团中的经历——泪水、汗水、玩笑、鼓励。我相信每一个从跆拳道社团中走出的社员更加懂得做人处事的道理，更加懂得怎样分配学习和放松，更加懂得什么是坚持。

黄色代表一种热情，而社团需要的就是这种不顾一切、倾注所有的热情。高中的生活只有短短的三年，社团的生活只占其中一半甚至不到。既然这样，我们每一位新中学子都应该倍加珍惜这样的机会。所以在学校九十周年校庆到来之际，我真心祝福每一位同学能够享受在新中社团的每一秒，祝愿新中的社团越来越壮大！

明黄色的青春

吕　婕

一个礼拜中最期待的总是周五。

不仅是因为学生对于放假回家的期盼，同时也包含着对于周五下午我的社团活动的期待。一边工作一边随意聊几句天总能给一个礼拜以来的学习生活画上一个圆满的句号。

初入高中时感受到初中和高中本质性的差别，我想这种感受来源于社团活动。不同于初中的交际圈只停留在一个班，高中由于社团活动的存在而把整个年级或者整个学校都联系在了一起。起初我总是会对在走廊间无意碰到并向我点头致意的同学而感到略微困扰，但是在一年过去之后我也逐渐从不擅长和别人打招呼变成了会主动挥手的人。此时此刻回顾从最初到现在所发生的变化，我也会对自己逐渐扩展的交际圈而感到自豪。

若要给社团涂上一种颜色，我想那一定是灿烂而又美丽的明黄色。我把社团当作是学校生活中最有活力的一部分。每个周二中午，原本总是聚满了自习学生的教室通常都空空荡荡——大部分的人都前往了自己所属社团的活动地点，去探寻自己的学校生活中最有趣的部分。虽然无法全部看见，但是我想大部分的活动室中一定都是生动明快的气氛，所有人都为自己的任务而奔波着、努力着，社长或者骨干成员起着带领的作用，指导老师在一旁微笑着指点。与课程中的严肃气氛不同，每个人看起来都那样轻松无虑。社员们敢于发言提问，老师也变得更加温和。我认为高中的意义并不只有文化课，让学生在"小型社会"中学习、生活从而今后可以更加容易融入社会也是非常重要的。我喜欢好像被覆上了一层暖黄色的大家，那样的活力才是我们这个年龄所应该拥有的。

当然想要很快适应这个团体也不是一件容易的事。仍旧记得我在初入社团时在高年级的前辈面前做出了非常幼稚的行为，对此我至今依然相当在意。不过青春总是要犯错，也许经历过这样的事件之后，我的为人和行事方式都能得到提高。若是如此，这样的代价倒也不算太贵。

　　一年已经过去，下半年起，我们这一年级的学生也要作为前辈登场了。社团招募很快又会进行，与我们曾经相同模样的学弟学妹也会作为新生力量注入社团这个团体。我为他们即将加入一个温暖的家族而感到高兴。现在的我，虽然在社团中并不是亮眼的存在，但是对于自己所身处的位置也感到很满意。我所想要的只是身边的朋友团聚在一起时被涂上明黄色调的快乐。

　　即将开始的高二第一学期，我手中的明黄色画笔也一定会像之前那样不停歇地挥动吧，直至将整个青春都染上那明亮、温暖的色调。

落叶也有春天

王络迪

每一个小人物身体内部都藏着一颗大人物的心。

梦想，是现实世界中最美好的永生伴侣……

——题记

可能我所在的这个社团不如其他的社团那么热闹；可能这个社团看起来比较松散，甚至给人一种快要散伙的感觉。种种的可能，令人难以置信，为什么我还会在这个社团待下去？因为我只是一个小人物，因为我有一个梦，更因为我喜欢它，喜欢拨动琴弦后所散发的迷离的声音。同时正因为这个社团——吉他社，我才有时间在课间闲暇，安安静静地弹一会儿吉他；又是在这里，我遇到了许多志同道合的朋友，有着相同的梦想……

时间拨到高一期末最后一次社团活动。社长看似有点"小心翼翼"地问我："如果我们社团下学期解散了，你会选择去哪一个社团？""嗯，那我就不去参加什么社团了。""为什么？""我喜欢这里的气氛，每个人捧着自己的吉他弹自己的歌，还有和你们在一起，我有种解释不清楚但又无比真实的快乐。况且，我也不希望这个社团在我们这一届倒下来。""好吧，我知道了……"

虽然我不是知道社长最后的决定是什么，但我还是希望这个社团能够继续下去。因为在这里已经有我的青春记忆，我希望这份记忆能到高三再画上句号。

社团的活动非常简单，不需要像模拟联合国那样准备资料，只需要一份简简单单的六线谱；不需要像头脑 OM 那样有一颗聪明的大脑，只需要一份喜爱音乐的心；不需要戏剧社那各种各样的道具，只需要一把吉他就行了。

所以说我的社团生活非常"安静"，就像是苦行僧一样的生活，朴实无忧，但又异常幸福，把我牢牢吸引住，再加上社团活动的教室比较简陋，不由得让我想到了一句诗："斯是陋室，惟吾德馨。苔痕上阶绿，草色入帘青。谈笑有鸿儒，往来无白丁。可以调素琴，阅金经。无丝竹之乱耳，无案牍之劳形。"在这里，没有作业的烦恼；在这里，没有英语背诵的困苦；在这里，没有数学公式的恼人。在这里，只有音乐之间的传递，只有技巧和心得的交流，只有快乐的分享。如果有不懂的地方，学长会非常乐意帮助你，尽管有时候他们的专业术语令我们晕头转向，但是学长并不放弃，直到我们理解并运用。

我们就像是一群异界的修行者，没有年龄的隔阂，偶尔互相指点，偶尔互相切磋。

所以，永远会记得我在这里第一次遇到了同样会吉他的别班少年，第一次学会了《老男孩》的扫弦，第一次在同学之间表演，当然，永远记得我们在那个教室里无法泯灭的记忆，那些在社团的生活，那些不经意间的快乐与默契。

社团是黄色的，它像落叶一样，虽然只是在我的一生中悄然飘落，但永远在我记忆的大道上；又或许是因为它曾经是我的一个梦，一个金灿灿的梦，就像一个永恒的经典……

我在动漫社的三年

钱添骅

　　我与动漫社的结缘就在我作为新生踏进校园的那个午后，仿佛一切冥冥之中注定要进入动漫社一般，为什么这么说呢？因为别的社团的面试我都没赶上。现在我想来谈谈属于我的社长经历——

　　我们动漫社有五个部门组成：组织部、CV 部、cosplay 部、漫画部、游戏部。作为社团的负责人，每个周二的中午我都先去德育室借钥匙帮社团教室开门以后才能去吃饭。当社团活动开始时，我会安安静静地坐在一旁，将准备好的东西尽可能让社员去主动完成。我不仅仅享受社团活动带给我的乐趣，同时我也要规划和组织每一次社团活动。虽然每一次都会有漏洞，每一次的规划和组织都不完美。也许很多人会觉得这很枯燥，但是每次看到有那么多可爱的学弟学妹来社团参加活动，看到他们脸上的笑容，我就感到很满足。从他们的身上我总是能想起自己高一时对于社团的那股热衷和享受。成为社长之后需要考虑的事情更多了，从中获得的体验也不一样了，因为深知自己的肩膀上扛着社团未来的责任。我觉得这是一个必须经历的过程，一个想成为优秀社团的成员甚至是领导者的必经之路。因为在这个过程中你会有很好的机会与其他成员相互交流，相互了解，而交流的本身就是锻炼社交能力的一种工具。要想真正锻炼自己的能力，就要从小事做起，从细微处做起。在这些小事中，我不仅会体会到办活动的快乐，更重要的是我结识了一群亲密的工作伙伴。对于身为社长的我来说，团结向上、合作互助的领导团体才是一个组织最需要的。

　　在社团成员的共同努力之下，我们一起参与了 2012 年上海动漫博物馆剪彩仪式的演出，为了在短时间内完成老师布置的任务，我们每天晚上都加班加点，从一开始还很不成熟的舞蹈动作，到慢慢成形，心里就有一种自豪感。虽然排练过程中，成员们会打闹、开玩笑，而且还时常被我严厉地批评和挑刺般地指责，不过他们都没有怨言，依旧每天到空教室来排练。当他们在舞台上摆动轻盈的舞姿时，一股暖流在我心中流淌。我从来没有在他们面前夸过他们什么，好像在他们刚入社的第一次交流会上，我就特别严厉地定下了很多规矩。但是我从心底为我能拥有这么一群优秀的成员，为我当初能加入动漫社而感到自豪。就像是父母看着自己的孩子，一天天长大，有一天当他们不需要我的时候，他们依旧能发光发热。

社团最大的魅力就是将一群有相同爱好的朋友聚集在一起聊天、玩耍、成长。在失败中不断吸取经验，在成功中学会分享。社团永远洋溢着青春的朝气，因为这里一直有我们忙碌的身影和挥洒的汗水，以及那随处可见的笑容。

在参加社团的两年，有时的确很累，但我乐此不疲，而且每当看到他们的笑脸时，我就有种成就感。社团活动丰富了我的校园生活，培养了我的人际交往能力，拓展了我的视野。

在此请原谅我稚嫩的文笔，也许不能非常传神地表达出我的社团生活，但是我相信我热爱社团的感情一定能传达，因为我真的爱他们，爱这个家。最后，我想对我的社团说的是：谢谢！

我的社团生活

杜霄逸

还记得去年，我仅作为一个高一的新生，踏入新中校园的大门，对周遭的一切还很懵懂。

走进校园的第一年里，一个新鲜的名词——社团，出现在我的生活里。那时候的我对于社团活动还一知半解，并不懂得社团对于我的意义。只是在某一个中午听到了学长学姐们卖力地宣传，看到他们竞相奔走于各个班级之间的身影。机缘巧合之下，我走进了新中广播社。两年之后的今天，我已褪去了昔日的稚嫩和彷徨，成功地完成了在广播社的两年任期以及诸多任务。

其中，给我留下最深印象的，便是高二上学期开展的社团招新活动。就像之前的学长学姐们一样，我带领着各位社员走进每一个班级，向他们展示着我们的社团。午间在交流大厅的社团招募中，我们耐心地向大家介绍社团的活动。看到那些游走在各个社团招募窗口的同学们就像是看到了当时的自己一样，充满兴奋和好奇，不放过任何机会。和大家一起拥簇在热门社团的窗口，翻阅传单；和朋友们一起商讨哪一个社团更适合自己；偶尔也挣扎于两个心仪的社团中……

继而便是新生面试，我们把精心挑选的主持广播稿语段分发给前来面试的同学。同学们一拿到广播稿就认真地在一旁研究起来，从咬字发音到断句分层。有的和一起前来面试的伙伴互相朗诵，有的则一个人在角落里默默用功，一遍遍纠正自己的发音，一遍遍斟酌自己的情感。可能是有些紧张，又或者是有一些腼腆，大家总是在问"能再给我准备一分钟么？"他们的声音里，有对未来的坚定和执著，也有对自己的不确定和胆怯。无论是哪一种声音，同学们认真准备面试的场景都深深存在我的脑海里。

学校的社团，当然远远不只广播社这一个。文学、模联、辩论、戏剧……这里应有尽有，每一个社团都以它独特的魅力吸引着我们。

　　高一那一年，工作上稍有困难，学长、学姐便会雪中送炭，给予无私的帮助。而若遇上工作不顺心，学长、学姐还会拿自己以前的经历调侃一下，鼓励我们，逗我们开心。有些工作我们做得并不十分到位，学长、学姐总会悄悄地替我们弥补。到了高二，我们用一颗鲜活的责任心，将社团工作个个落实，不愿再让那些已步入高三的学长学姐们再度操心，并且给予高一的新社员以指导、关心。而今，我们也已步入高三，我们的工作也会转入幕后。为高二、高一的社员提供帮助。

　　我的社团生活只有两年，虽短但精。这两年将会是我终生的财富。

如 梦 的 行 走

万 千

新中，是真的美，仿佛一座精致的艺术品。

我爱她，发自内心的爱。不只是为她的美。我爱她那抹四季都带着生机的青葱，爱她赤红的一砖一瓦，爱她怀抱中的那些蓝色的孩子，爱她带给我的悲喜交加，爱她陪伴着我成长的日日夜夜，爱她的鲜艳色彩，更爱她源源不断带给我们惊喜。

在新中凝眸文学社的日子应该可以算得上是最宝贵的记忆之一了，就像一抹亮丽的黄色，给我的校园生活添上了点睛之笔。

尤记得那次的乌镇之旅，为了一场朦胧而懵懂的江南梦，为了一段曾落在心头的文字，为了一张耐人寻味的照片，为了生命中一首单曲循环的歌，我们的文学社走进了乌镇。或许应该说，是走进了一场梦。

昔日的江南明珠，今日江南最后的枕水人家。在喧嚣的今天，安静地绽放着熠熠光彩。乌镇，这两个字眼给我一种宁静和安心的感觉。在心中描绘的也是依水而立的白墙黛瓦，桥下激滟的碧波，踏着青石板走进一座座深宅老院。当我真真切切地站在乌镇面前，才发现她是那么安静。那已被踩踏得光滑凹陷的青石板，千百年注视着来来往往的人，也见证着乌镇的荣辱兴衰。那陈旧的每扇门、每根梁、每面墙，都默默地讲述着乌镇的沧桑。那些外面看似很普通，而里面却宽敞豪华的宅院和精雕细刻的栋梁，让人叹为观止，也让人生出无限的想象，想象着曾经生活在这里的富贵的主人，穿行在庭院之中，该是怎样一种繁华的景象。只是早已人去屋空，沧桑尽显，更无从寻觅主人的去向了，只有这些霉味浓郁高大的老屋，依旧高傲俯视着来来往往的人，似乎落寞地讲述着世事无常。乌镇的大染坊同样让我啧啧称赞。抬眼看那蓝底白花，在高入云端的竹竿上飘荡，仿佛一只只蓝色的蝴蝶在白云间翩翩起舞，恬淡美好而纯洁。还有那至今仍弥漫在我心头的浓郁酒香，琳琅满目的油纸伞，甜而不腻的麦芽糖，香嫩可口的臭豆腐，男左女右的逢源桥，还有一条条简陋幽静的巷子……都深深地烙印在我的心头。

若没有文学社，我应该不会有一次如梦的行走，也不会静下心来去倾听这个小镇的一段又一段的故事。

社团的每一次上课，都如同一次心灵的洗礼，让我感受到了课本之外更加丰富的世界。我爱新中给予我的每一抹色彩，因为它们不仅为我的校园生活添彩，更为我的心灵增添光彩。

青春奏鸣

　　"我像往常一样整理桌面，收拾书包，甚至比以往任何一次放学都更加平静，简单地和同学老师道了一声"再见"，按时坐上回家的公车，就好像明天的我依然会踏着 7：20 的铃声走进校园一样。我猜可能就像人们常说的那样后会暂无期，相聚终有时，当初那群不知飞往哪去的孩子一定会再次相见，我明白我们的青春不会散场。"

一个新中人的纪念

武 凌

任何纪念都是一种提醒，让人想起被纪念之物已成过去。

——周国平

> 新中，
>
> 在岁月的流逝中，
>
> 将走过了又一个，
>
> 值得纪念的日子。
>
> 我，
>
> 作为新中人，
>
> 与新中的时光长河相比，
>
> 只能算是白驹过隙。
>
> 虽然仅仅是一丝微光，
>
> 但我也愿意用我的全部，
>
> 去表达新中对我的深远影响，
>
> 和我对新中，
>
> 那无比自豪的情感。

伊 始

2011年8月的一天，夏日的太阳不断炙烤着走在围墙边的我，与所受的热浪相比，更难以平静的是我的内心——紧张、不安、激动……所有的原因就在这墙的另一边，是一所我未知的学校——新中高级中学。新的学校、新的同学、新的环境，作为一个新高一，这一切都是那么新奇，但同时充斥着紧张。但没过多久，当我跨进新中的校门时，目光就被如同展开的书本一样的建筑墙面所吸引。没想到新中是以这样一种场面来迎接我，我乐呵呵地傻笑了下，就去寻找自己的班级。作为一个初来乍到的新人,找到自己的班级也颇费周折,好在没闹笑话,进对了班级。时至今日,我仍然清楚地记得当时我身后坐的是谁,前面坐着谁,又是谁迟到了。

不久之后到来的军训,大多数时间都被教官带到烈日下在操场上练着军姿,其中最难以忘怀的就是"打报告"。从一件大家极不适应的事情变成了一件习以为常的事情,就好比吃饭喝水,训练期间必须先报告后有动作。倘若训练的时候太阳有所遮掩,那就是再好不过的奖励了。吃饭时有吵闹,教官就来"起立""坐下",这一遍遍的训练在传递着同一个信息——没有规矩,不成方圆。如同新中的校徽,我们能展翅高飞,我们也要明白圆圈之意。

2011 年 8 月,就这样从紧张到畅怀,从不安到释然,从陌生到熟悉,与此同时,我有了一个新的称呼——新中人。

我 的 新 中

新中的地方那么大,事情那么多,我知道的可真是太少了。我最大的遗憾是没能成功进入社团,以此类推,我所知道的那点只是"我的新中",而我的新中大概等于九牛一毛。

然而,这阻止不了我说说已与我相处两年的新中。

作为一个住宿生,毫无疑问首先从宿舍说起。抱怨过宿舍里的洗浴室不出热水,抱怨过宿管老师的唠叨,也因熄灯后的旺盛精力引来老师的阵阵敲击声,即使如此,每逢学期结束搬离寝室的时候,总忍不住多看看几眼寝室,多看看几眼宿管老师,这一别,短则两三个星期,长则两个月。有一次,放学的时候我说了句回家,同是住宿的同学问我句:"今天你回去?"我回答道:"回寝室。"

说到老师,就先说个丰子恺的故事。

丰子恺在求学时遇到了两位老师,一位美术老师李叔同,一位舍监兼国文老师夏丏尊。他形容前者是父亲的教育,话不多,说话轻轻但分量很重;他形容后者是母亲的教育,处处都要留心,都要关心。

我就如同丰子恺,在新中遇到了影响了我人生的老师,也交到了很多的良师益友。他们并不因为我是一介学生,而置我于一种身份不对等的地位,反而让我能与之平等交流。我能有如此机会,亦是十分快乐,心里因此而更加敬重他们。他们愿意去听我的声音，那么他们的声音也一定留在我心中。

我的班级是一个团结的集体，在军训和学农时我们是一个排。我们一同为我们的荣誉而战，我们一同为我们的理想而奋斗。我们哭过，我们也笑过。我们经历过挫折，我们也经历过校运会上的呐喊，我们一样经历过学校活动的点滴付出。我们从陌路人成为一日不见，见座思君的人。

终　　章

天下无不散之筵席，我所拥有的新中时光也将走向尽头，我与新中将在不久的未来告别。想想两年前的自己，回顾着两年来的点点滴滴，心头涌起了一种难以言语的情感。是忧是笑？是思是乐？这已是理不清道不明的事情了。还有一年，但光阴似箭，这一年现在看来是如此的短暂，如手中沙在指缝间流走。愿自己以一种最饱满的状态，为自己的新中生涯画上一个完整的句号。但是，纵使离去，也不能忘记自己新中人的身份。世寿所许，定当遵嘱。

我虽开始了倒计时，然而新中将在这时光的长廊中继续前行。她从历史中走来，也将向未来迈进。在岁月的洗礼下，她的步伐将更加稳重，她将以更为广阔的胸襟迎接着一届又一届的新中学子。

那楼梯口的八角金盘，走道旁的鸡爪槭，楼宇间的香樟树和白玉兰，篮球场旁的枇杷树，操场边的黄杨丛，都将继续迎着阳光绽放，相信未来，热爱生命。

那年·匆匆

赖 玮

"老师们，同学们，再见！"——这是我在新中高级中学2013届毕业典礼上主持词的结束语。说罢，鞠躬，放下话筒，整理衣服，走出音乐厅，百感交集。

转眼，我已从新中毕业两年，每当想起在新中的三年，总觉得时光匆匆，好像报到那天的青涩还在眼前，我们就拿着毕业证书各奔东西。但如果静下心来仔细回味，匆匆那年，还是有许多往事值得缅怀。

成文之时，正值电影《匆匆那年》热映，引发了大家对青春年华的思考和反省，于是定题《那年·匆匆》，向那永不散场的青春致敬。

三年，一千多天，回忆太多，思绪太乱，不知从何说起。说"学术"，说"友谊"，说"成长"，又好像都太老套。想了又想，还是说一些从前没机会，或是没胆量，又或是没能力说的话题吧……

那年，匆匆遇见

每一段青春故事，总是从遇见开始。

遇见新中，应该算是我先"表白"的，不能说是一见钟情，只能说是一厢情愿吧。虽然是提前录取，但在当年的中考志愿表上，我只留下了"10142—新中高级中学"，也算得上是我死心塌地的纪念。如愿拿着橙红色的录取通知书，来到原平路400号，心想我终于属于你了！这么说好像有些肉麻，但如今想到我深爱的母校，我还真情不自禁地想矫情一番。

于是，继续遇见。遇见了一群同学。当时的高一（9）班大都是提前录取的佼佼者，也难怪每一个人都个性鲜明。性格张扬的，全校皆知；专心学习的，也会被老师们常挂在嘴边；哪怕是默默无闻的，也有他们低调的华丽。分班之后的高三（1）班是一个政治班，用"政通人和，百废俱兴"来形容，其实一点儿也不为过。但其中的内涵，也只有一班人自己明白了。

想说些题外话，有人说："多年以后，我们可能忘了学生时代的成绩排名，无论好坏，但却会永远记得那些我们一起经历的'无用之事'。"的确，用不了多少年，我对九班的记忆，就好像只剩下《梁祝新编》《魔鬼与天使》和"哪吒传奇"了。而对于一班，也多少有些亏欠，正像我在最后一次班会上，写在纪念视频中的那段话："作为班长，我要和各位坦白，我至今都没能记住每一位同学的学号，也没能认出每个人的字迹……"，但又何必自责，如果不互相亏欠，我们又凭何缅怀？

我也遇见了一群老师。在遇见新中的老师们之前，我从未想过所谓至亲的师生情是什么样的，因为老师总有威严。如今回想，那些在我不自信时给我鼓励，在我迷茫时为我指路，在我叛逆时悬崖勒马，在我骄傲时好心提醒，在我自以为是时"不动然泼"的老师们，真是我三年中遇见的贵人。故事太多，恩师太多，请原谅我不能一一提及，去讲述那年匆匆的往事，一是略显做作，二是怕有遗漏……往事里还是得留下一些彼此心照不宣的共同记忆，天知地知，你知我知，足矣。

相遇时，我们不知道彼此会在各自的生命中扮演怎样的角色，也不知道今后的缘分如何，更不知道能不能像我们许下的诺言那样天长地久。反正遇见，就该好好珍惜，别等到离别那天，又后悔错过了本不应该错过的人。

那年，匆匆离别

青春旅途中，总是伴随着相遇和离别，一些人，一些事，在我们的生命中匆匆而过，却在那年的记忆里如此清晰。

有的，奔走他乡。也许是我们见过太少世面，那些年，我们把"出国深造"看得重如"生离死别"。那时，还没有微信，智能手机也刚开始兴起。我们想象不到，如何与身在大洋彼岸的朋友交流。因此，总想留下一些纪念。在九班，我们开过两次送别同学出国的主题班会，回忆起来满是感动和祝福，当然，更有不舍。今天看来，那样的离别也只是距离问题，心距，可以为零。

有的，过客一般。三年里，因为各种跨校交流，遇到过不少有缘人，有过不错的合作，但又很快咫尺天涯，各自一方。像一颗彗星划过天际，无论有多绚烂，也不会再见到第二次。回忆纵然美好，但匆匆离别之后，美好的回忆都会变成彼此心里的念想。

有的，去了远方。多远？我不知道，因为真的很远，远得让人害怕，远得让人不敢去想。关于"生与死"，我也曾经思考，但深思的结果无非"人固有一死"。但当真正的生死离别就发生在我们身边，发生在曾经朝夕相处的亲人身上时，心里还是无法平静。一位曾经在讲台上神采奕奕的师者，一位曾经与我促膝长谈的长者，一位曾经与九班走过一年半时光的领路人，一位曾把我们像自己孩子一样对待的母亲……去了远方。她的脚步太快了，甚至都没来得及说声再见，就与我们永别，留下一众惋惜，留下一众想念。不说了罢，回忆满满，要落泪了……

最后，各奔东西。一场"决定命运"的考试将我们无情地打散。有些人，虽天天出现在眼前，却从未说上一句话；有些人，话还没说完，就必须祝福彼此，然后各奔前程。

三年，说过无数次"再见"，可每次说完都又拖延。直到最后一次，我们不知道那一声"再见"，是不是最后一句，也不知道"再见"之后是"后会有期"还是"后会无期"。总之，离别总是那么仓促，虽在意料之中，但总感觉是在情理之外。

那年，匆匆爱恋

该说点匆匆那年里绕不开的话题了。

关于"那年·匆匆"，有人开玩笑说，爱过的人才有"那年"，没爱过，也就剩下"匆匆"了。这么说好像残酷了一点，但其实也有道理。没有过脸红心跳的惊悸，又怎么谈得上有过一段狂放的青春呢？

如果真是那样，那我还应该算是幸运的。

那年，匆匆爱恋，躲躲又藏藏。高中时候的恋爱，总感觉是在玩一局捉迷藏，不知道为了什么，总是在躲。躲老师的"白眼"，躲家人的"干扰"，躲朋友的谗言，躲伴侣的犀利，躲自己的叛逆。躲躲藏藏中，也会留下一些残缺的美好，远远的一个对视，彼此会心一笑，心里比什么都甜。当然，游戏总会有结束的那一天，当我们不得不面对大众的眼光时，我们突然变得不知所措，有的沉默，以不变应万变；有的张扬，用行动回击那些不屑的眼光。当然，也有人选择放弃，虽然换来了一些安宁，却也放弃了一些最初的、最纯真的悸动。

那年，匆匆爱恋，大胆的诺言。也许是我们不懂得什么是爱，也许是我们不懂得如何去爱，就在这"何为爱？""爱为何？""为何爱？"的纠缠中，我们许下过多少山盟海誓。我们顽固地许诺，虽不知能否坚持，也不知能否承受，但却有勇气和胆量去许诺，这恐怕也算是青涩爱恋的一个标志吧。曾经的诺言，在现实面前显得那么不堪一击，一点点对未来的不确定，都会让它瞬间化为青烟，随风消散。最后，只能留给别人去兑现，留下旁观者的一阵叹息，人走茶凉，人去楼空，泯然众人矣。

那年，匆匆爱恋，犹豫又胆怯。那时的我们，年纪还太小，对好奇的事情总是犹疑，对未知也有些胆怯，却又在这犹犹豫豫的徘徊中，错过了许多真挚而热烈的爱恋。

人生没有彩排，只有现场直播。还没来得及完整爱过一遍，我们就在躲躲藏藏中自生自灭，许下的山盟海誓也都变成了美丽的谣言，还在青涩的彷徨中错过美好……"如果再见不能红着眼，是否还能红着脸？"这是《匆匆那年》里让我最有感触的一句话。是啊，孰对孰错，孰是孰非，谁又能讲得清楚呢？若都能说得明白，那又怎么称得上是匆匆的爱恋呢？

那年，匆匆

心有根，则行者无疆，我们彼此遇见；关注他人，则相爱别离，我们并肩同行；方圆之间，互相亏欠，我们藕断丝连……回忆里，那年往事依然历历在目，却又觉得时光匆匆。就在这短暂的三年里，笑过、哭过、爱过、恨过，正是因为那年岁月的五味杂陈，回想起来才值得细细品味。

三年，一千多天，回忆太多，思绪太乱，不知从何说起。本想说一些从前从未提及的话题，可是往往话到嘴边又咽下，有许多事情还没想明白便匆匆落笔，随心所欲，难免天马行空，不修边幅了……

随它吧，青春的记忆本来就没有什么逻辑可言，这样的随性，不也是那年匆匆的一部分吗？

心 中 的 新 中

陈康令

对我来说，新中是一个带来奇迹的地方。高中毕业后，我每年都会回到新中看望老师，回忆在这里发生过的点点滴滴。

我在 2003 年上半年，参加了闸北区高中"3.5 学制"试点选拔，所以提前半年进入新中高中就读。其实当时摆在我面前可以选择的高中并不少，我着实也思考了很久。但我和家里一商量，觉得新中的校园实在漂亮得美不胜收，这成了我和新中结下不解之缘的重要原因。直到现在，我仍然觉得这个选择很正确，因为在上海那么多的名牌高中里，新中的美丽数一数二。

当然，令人难忘的绝不仅仅是学校的硬件设施。新中的老师们、同学们带给我的，还有自身软实力的提升。

首先，是学会自立和自制。高中的住宿生活对我们不少人来说都是一个巨大的挑战。自己得帮自己安排好作息时间，得处理好学习和生活的关系，得学会怎么和来自不同家庭的室友相处。这是一次漫长的无声无息的磨砺。直到如今，我依然记得住宿生活中的欢笑和迷茫，记得宿管师傅每晚熄灯前俏皮的倒数计时，记得晚自修结束后和大家奔回寝室打打闹闹的场景。这段经历对我的影响很大——在复旦读研期间，我还兼职担任本科生辅导员，我觉得正是新中的住宿生活让我具备了这种资格。我现在最好的高中朋友，几乎都是我当时的室友。在新中，我们有了共同的故事，我们有了共同的人生。

其次，是学会坚持和努力。我在高中的选科是化学，强项则是英语，高考考了 140 多分。说实话，我其实对于中文的兴趣远远大于英语，但在学习英语的过程中，发现自己掌握得比较快，所以也就会投入更多时间去让自己提升。记得在高二的时候，我的英语水平突然停滞不前，甚至在多次考试中出现了下滑，我很不解，也很郁闷。我的英语老师告诉我，这个阶段叫"跃迁"，是自己在突破原来极限水平时的必经之路，最重要的就是自己要坚持下去。我当时也是将信将疑，但还是按照老师的话做了，随后便尝到了甜头。现在，我还在学习日语、德语、印尼语等多门语言，我想，高中带给我的，是对语言学习的信心和方法，这非常重要。

在高中毕业前半年，我幸运地通过了复旦大学首批自主招生考试，进入复旦大学就读。记得在面试的时候，教授们并没有问我"窨井盖为什么是圆的"之类的问题，而是问我高中的生活是怎样的。我当时就觉得很自豪，因为新中带给我的体验是多方位的，我参加过社团，当过学生干部，还在校运会上 high了一把，这些经历让我显得不那么"书呆子"，让我可以自信地侃侃而谈。我也慢慢发现，原来新中的生活已经浸润在了我的心里，成为我生命中难忘的一个个夏天。

最后，我把我非常喜爱的一句话与大家分享。路遥在《平凡的世界》里说过："把辛勤的耕作当作生命的必要，即使没有收获的指望依然心平气和地继续耕种。"愿与大家共勉。

原平路的日子

徐诗耀

高中三年，用完了N根笔芯，做了N张卷子，考了N场试，上了N节课。光阴如梭，眨眼间这些曾经历历在目的场景都已成为我们脑海中美好的青春记忆，留下了真挚的友谊，深厚的师生情。在新中学习和生活的三年是我人生中一笔宝贵的财富。

高　　一

作为新生，初来乍到，不知哪里来的勇气，我报名参加了校学生会的选拔，难以置信，自己通过了层层筛选，最终成为校团委学生会的一员。在随后的日子里，我又加入了由同学自己创建的乐队，并在东方绿舟军训文艺汇演时参与表演，这是我第一次登台演出，上台后我紧张地一直在颤抖，面对台下黑压压的一大片观众我有点不知所措，最后是同伴鼓励的眼神让我再次全身心投入演出。观众只看到了我们在舞台上的光鲜，但没人知道我和小伙伴们每天在学校排练到多晚，没人知道每天做完作业后我们还要再练习几遍才睡觉。高一宛若高中生活的起航，拉开了高中这幕剧的精彩序幕。

高　　二

高二是高中生活中最忙碌也是校园活动最丰富的一年，我们在最好的时光展现了最美好的自己。在学生会摸爬滚打了许久，终于轮到我当学长了，以前的各种活动都是由学长学姐带着我去完成，现在要靠我自己来独当一面了。学农晚会和歌手大赛的策划纸被我写得密密麻麻，有什么不懂就回去请教老师和学长学姐。做任何事都没那么简单，作为一个组织者，所有的事情我都必须考虑周到，每一个细节都必须落实到位。在开赛前的几个晚上，我难以入眠，脑子里一直想着歌手大赛的每一个环节，想着哪一个地方还没有考虑到。在比赛结束后，原本心中的紧张被满满的成就感代替。这一次次大型活动的策划经验不仅锻炼了我的能力和胆量，增强了我的责任感，也让我学会如何更好地与人交流，这些都是在课本上学不到的。"纸上得来终觉浅，绝知此事要躬行"，我想大概就是这个意思吧。

高　三

　　自从搬到专属高三的教学楼时，我们每个人心里都明白，最后的时刻到来了，该拼了！在高三，我遇到了班主任李玉梅老师。数学一直以来都是我的心头痛，而班主任又是数学老师，我心想：完了，没好日子过了。而事实的确如此。李老师对我非常严格，不允许我因粗心将会做的题做错。李老师用她的方式来提醒我们要仔细，"会做必对"是她常挂在嘴边的。每次考完试，她的办公桌前总围着许多同学，看分数、问题目。李老师鼓励我们去问问题，她常常说起她过去教过的学生，用丰富的例子来教我们该如何去学数学，如何度过高三，如何让我们在今后回想起高三这段时光时不后悔。自从老师说过她以前的学生没卷子做了会去办公室"偷"卷子做，以数学课代表为首的一批数学爱好者便加入了"偷"卷子的阵营。随后带起了班级同学一阵学习的热潮，使我们班数学成绩突飞猛进。高三一年，我从一开始几乎每次都不及格，每天去办公室"报到"，到最后高考数学考了 128 分，我想这与老师独到的教学方法是密不可分的。高三一年，很苦、很累、很枯燥，但经历后会引以为傲。

　　每个人的高中生活都是一段传奇，高中三年的青葱岁月转瞬即逝，在原平路的日子总是难以忘记。

一直记着你

赵斌韵

把时间拨回 2003 年的 5 月 23 日，那是最适宜穿上新中西装校服的时节，是我最后一次穿上校服的日子，也是我在新中上学的最后一天。由于"非典"的影响，我们的毕业典礼不是传统的汇报演出，却因此让我们有机会用最简单的仪式和最朴实的语言相互祝福道别。大家无拘无束地待在熟悉的操场上，找寻着高一高二时的室友、同学，相互打听志愿填报的情况，当然也少不了开玩笑"吹捧"一下彼此。在感叹"学霸"的志愿如此遥不可及的同时，也在暗自打气不能输给别人。这是我们在新中的最后一幕，却拉开了我们在之后无限怀念新中点点滴滴、一草一木的大幕。

回想起新中，当然要提到那郁郁葱葱的大操场了。无论它艳绿或枯黄，它都安安静静地躺在那里，默默陪伴着一代又一代莘莘学子。它看着我们挥斥方遒，看着我们奔跑嬉戏，看着我们羽翼渐丰，看着我们扬帆远航。

清晨，天刚蒙蒙亮，太阳也才露出云层的那会儿，伴随着晶莹的露珠，清新的空气，总会有那么几位同学，迈着矫健的步伐，有节奏地开始了晨跑。在铺满金光的塑胶跑道上，他们每个人都带着坚毅与自信，一大步一大步向前迈去，就像一匹匹矫健勇猛的悍马，展现出的是积极向上、坚持不懈的精神面貌，这也正是新中赠予我宝贵的人生财富。比起那周而复始的跑道，出了校门的道路更为漫长，还有着数不清的艰难险阻需要我们去跨越，无论是大学期间在求知、择业上的迷茫，还是上班后在理想与现实中的徘徊，都需要我们满怀信心和坚定的信念，脚踏实地微笑着面对，就像在那一天的清晨，我们沐浴在还有些刺眼的晨光下，昂首挺胸，勇往直前。

还记得那一年的 10 月，秋风微凉，漫天繁星，一群飞蛾围绕着路灯乱撞，几只蟋蟀还在唱着它那清脆的歌谣。我们一群人在夜自修后来到操场，发了疯般肆意奔跑，相互追逐，大声喊叫着他人的名字，跑累了便席地而坐，仰望星空。放在现在，我们可能会很矫情地放上一段轻音乐，可是当时的我们却是那样单纯。在这夜晚的操场上，我们有人发牢骚，有人谈理想，有人思考第二天午饭吃什么，也有人为周末是否要回家而纠结。虽然大家未曾在那个夜晚许下什么愿望，但是，当时那个画面已经成为我们再也回不去的奢望了。每每大家聚会畅谈，总忘不了那个被宿舍阿姨呼唤才回寝室的夜晚，不是因为那次的聊天不尽兴，而是在我们心里，那一晚一直延续到了今天和明天。同学间珍贵的友谊，只有在离开学校的时候，只有当你身边不再是熟悉的他们的时候，才能更深刻地感悟。

就像歌里唱的那样："迎着风向前行，我们已经一起走到这里，偶尔想起过去，点点滴滴如春风化作雨，润湿眼底，在某个夜里，你会想起我，我也会想起你。"新中，我们一直记着你。

永远的高一（4）班

杨 杨

现在已是 2014 年的初冬，离毕业的日子已过去了十三年，离开我们高一（4）班组成的日子更是过了整整十六载。斗转星移，往事迷离，但记忆却不曾模糊反而随着年岁的增长、阅历的丰富，越来越清晰。我们虽然还是八零后，但大多已为人父为人母，或已在职场中奋斗了十几个春秋，俨然是社会的中间力量。家庭的琐碎、养家的不易也许成了这几年生活的重心，我们的青春岁月像流水一般逝去。前几年一部电影《致青春》，又点燃起我内心对青春岁月的憧憬，但不知为何，总觉得这种怀念很淡很淡，仿佛是别人的事，还是不能有什么共鸣。青春真的远了吗？我想是的，看着公司中九零后已不断成为新人，看着家中弟妹们跨入高校，看着自己的宝宝走入幼儿园，我们的青春已远，我想我们应该是已被称为"中青年"的一代人了……

但科技总是赋予时代新的惊喜，就在青春与我们渐行渐远之时，微信群给了忙碌的我们一个全新的即时沟通平台。请原谅我说得如广告词一般直白，但事实的确如此。一个个同学被找到，纷纷加入群聊，瞬间，时间和空间都被拉近。高一（4）班又像获得新生一样，同学们又全部聚拢在一起。只要起一个话题，我们的青春又从遥远的往事中被找了回来，这种感觉如此亲切、如此温暖。我发现我们的青春并没有从每个人的心底里被遗忘，而是像这初冬的落叶，只是一时失去了夏日的浓烈，但只等来年春暖，依旧会在枝头繁茂。我们的青春那么清晰，那么实在，虽然我们都会说遗忘，但其实没有，校园的一切一切都在我们的心里，纵然时光流逝、纵然默默无闻，但只要大家聚拢在一起，我们的"小时代"依旧光彩照人，依旧绚丽无比。

高一（4）班是我们的名字，我们的集体。记得有位同学说，那时的我们只有十五六岁啊，同学少年，英气逼人。1998 年的夏天，是命运让我们 48 位同学聚在了一起。记得芦潮港军训，一个个稚气的脸被晒成了古铜色，那个夏天很热，但更热火的是我们年轻的心。很感激有同学还记得我们教官的名字，不知怎的，这段苦累的经历在我们每个人心里留下的却只有欢乐——一种不能比拟的欢乐。我思考了一下，也许因为我们是第一届住校生吧，第一次集体的离家求学对住校的向往使得我们每个人都忘了军训的苦。记得开学了，大家对住校的生活都适应得挺快，我们被分成了八个寝室，男女分别四间。命运又是如此眷顾，每个寝室又如同一个个小集体，物以类聚，人以群分，每个寝室虽各有特点但内部却又个性相近，就如同自家兄弟姐妹，在别人看来每个人相性不同但自己看来其实是姐妹连心。有的寝室热衷学习，大家勤奋好学互帮互助；有的寝室性格外向，多才多艺；有的是兄弟连，篮球、足球齐上阵……记得每天的生活从早锻炼开始，如何起床或有效逃避老师的监管是一天的大事；记得每晚的夜谈，大家精神百倍，仿佛有说不完的话题，聊不完的故事，当然熄灯过后还要防范老师的巡视。这样的后果是第二天上午的课上一目了然，哪个寝室昨晚又沉浸在欢乐的十点后。这种夜谈给我带来的后果还有一个，就是毕业进入大学后，虽然同学来自五湖四海，但大学的寝室夜谈我始终不怎么提得起兴趣，也许高中的时候夜谈太多了，也许那时我们都来自上海，文化和经历更相近吧。记得校园生活也不全有快乐，期中、期末、各类小考也是我们那代人校园生活离不开的主题，其实我们的很多欢乐也是在学海中苦中作乐吧。记得我们班级还是挺多才多艺的，有自编话剧的、有歌声嘹亮的、有乒乓好手、有热血男篮、有辩论高手，细数一下我们的集体荣誉还挺多的，满满的都是美好的回忆。在大家的集体怀念中，除了集体的之外，寝室温馨姐妹淘、热血兄弟团的回忆更多、更具体，也许好多事情特别是细节，大家都已经淡忘了，但和好兄弟好姐妹一起聊起来，却又那么熟悉，一个片段、一句话语，现在想起这些就是我们的青春轨迹……

16岁的青春我们走过，16岁的花季只开一季，我们的青春即远也近，有温馨有苦涩，但无论身在何处，我们是永远的高一（4）班。我们的故事没有结束，只不过舞台从校园转到了社会。同学们，如果我们暂时被社会迷失了自我，如果生活的压力折磨我们，那请回到这个集体吧，其实你会发现，青春的记忆在你心里的某个角落，依然闪烁，就像你16岁时一样。

青春不散场

董文怡

在这个略带凉意的秋日，我又回到这里，去寻找那燃烧了一整个夏天的温暖。

学校的操场上依旧能够闻到青草的香味，草坪上奔跑着一群热爱足球的少年。在炎热的夏日里，他们迎着干燥的风用力地奔跑，汗水逐渐在球衣上描绘出模糊的形状，额前的碎发一缕一缕地变得潮湿，一直到精疲力竭，就躺倒在草坪上。阳光肆意地洒在他们轻狂的脸庞，时间也就这样在他们的脚下静静流淌而过。

对我来说，有的时候只是静静地做一个旁观者也是幸福的事。我记得有那么一个黄昏，我在球场外关注场内激烈的比赛进程，手里拿着一瓶刚买的汽水准备递给谁。

沿着操场外的小道准备走回教室，偶然遇到了两个学弟。

"教超现在关了，可是我想吃泡面……"

"吃什么泡面啊，叫外卖吧！"

话音刚落，他们就遇见了我，匆匆说了句"老师好"，在我还没来得及解释自己的身份前，他们就快步走开了。看着他们落荒而逃的背影，不禁想到那段小心翼翼、步步为营地守候在南门通往教学楼的小路上，一边躲避着老师的突击检查一边等候外卖的日子。有几次侥幸逃脱的窃喜，也有几次像他们一样被抓个现行的无奈。

离开小路，向教学楼走去，正巧下课铃声响起，那些着急上体育课的孩子合上课本便一哄而散，待人群散去，我才走进教室，坐到了原来属于自己的座位上。记忆就像是滴在宣纸上的墨滴，氤氲开来。有人在课桌上刻下胡乱的字句，有人上课偷偷将小说放在腿上，一目十行地迅速阅读。他们之中有因为心不在焉被老师逮个正着，面对突如其来的问题而手足无措的，也有因为同桌的帮助轻松完成老师提问而洋洋得意的。

　　走出教室，沿着实验楼旁那条狭长的小道走到了音乐厅，那一方舞台是有着美好开始的地方，它见证了台上戏中人的悲欢离合，也陪着台下的看戏人一起成长。印象中最初与它结缘是在高一的课本剧，那时兴奋好奇、勇往直前但也不可避免遭遇了手足无措。初登舞台紧张忘词、现场灯光失效、道具失灵，对于当时现场的意外，有人跟我说："再好的歌者也会有恍惚失曲的时候，再好的舞者也会有乱节而亡形的时刻，而平凡的我们只是全力以赴圆一个演员梦。"而今回想起那个演员梦的时候才发现，正是那些小小的瑕疵拼凑起了记忆中最美好的部分。

　　再后来到毕业典礼那天朋友听到台上的人唱"开始的开始我们都是孩子，最后的最后渴望变成天使，歌谣的歌谣藏着童话的影子，孩子的孩子该要飞往哪去。"她说她突然意识到分别就在眼前，是不是梦停了，梦醒了。我说，没有人永远 18 岁，但总有人 18 岁，我们的故事已经过去，但是会有人继续在这个舞台上延续我们的期待。所以梦不会停，梦也不必醒。

　　说起毕业典礼，那天和我原本的想象完全不一样。我以为我会狂欢，但我没有我；我以为我会哭，但我也没有。我像往常一样整理桌面，收拾书包，甚至比以往任何一次放学都更加平静，简单地和同学老师道了一声"再见"，按时坐上回家的公车，就好像明天的我依然会踏着 7：20 的铃声走进校园一样。我猜可能就像人们常说的那样后会暂无期，相聚终有时，当初那群不知飞往哪去的孩子一定会再次相见，我明白我们的青春不会散场。

在新中的"确幸"

童俞亮

"新中"这个名字几乎填满了我小学毕业后至考取大学前的岁月，是的，初中和高中都是在新中念的。所以，当得知她即将迎来九十华诞，实有一种百感交集在心头。如果要写下些什么来作为祝福、作为惦念、作为感恩，很难用一个场景、一件事情、一个人物做一个交代——可能是能力有限，但更多的应该是由于这七年太过丰富和值得回味，以至于在之后的人生路上还会想着要从这段经历中得到启迪、汲取力量，甚至体悟那一份"确幸"。

初中的时候经历过新中的七十周年校庆，那时候还是在蒙古路，不大的校园被这桩盛事撑得满满的。事实上，当时的新中还只是一所区重点，但师生始终有一种身为新中人的自豪和当仁不让。这份"高心气"其实是一种十分可贵的不服输的品质。

高中以后有一段时间学业成绩不太理想，一方面是寄宿制生活对于个人的自律提出了更高的要求，另一方面，是因为较多地参与各类竞赛和学生活动客观上也占用了学习时间。事实上，这是很多寄宿制学生都会面临的两个挑战：是严格要求自己还是放松对自己的要求？如何在"第一课堂"和"第二课堂"之间实现平衡？某次期末考前的一个晚自修，我正在做复习，恰巧一位我很敬重的老师晚上巡视时从走廊窗外经过，把我叫出去关心地问了我的复习进展，我清晰记得当时的问答——"复习得怎么样了？""还行，百分之六七十。""啊，只有百分之六七十？那你只能考六七十分吗？！"当时感觉醍醐灌顶一般——确实，对自己要求什么时候那么低了？还有一次经历，是在高三上半学期，当时学校要选拔一些学生参加一个市里的实践能力方面的竞赛，动员我参加，我自己也比较犹豫，因为担心会分散精力，所以问了父亲的意见。他没有犹豫地说，高一和高二可以任我去尝试和体验学校的各种活动和社会工作，但高三只有一个目标，就是考大学！这个回答毫不意外，我也选择了放弃参加选拔。但事后想来确实是如此，第一课堂和第二课堂的重要性会随着不同的阶段而有侧重，没有一方面是绝对的。

我是高中时入的党。高考后回到学校参加学校支部大会讨论我和另外几位学生的入党问题。有个环节是所有的支部成员（都是教师）逐一发表意见。在那个场合，党员教师们都会比较真实客观地谈他们个人对你的看法，这让我第一次感到原来我在老师们心目中是那么多元，那么丰富，当然也有这样和那样的不足，甚至一些未上过我课的老师也会因为偶尔的几次接触而对我提一些中肯的意见和建议，很是受用。如果能够早些知道老师们对我的看法，如果能早些得到老师们对我的鼓励和建议，高中三年我可能会更自信一些、更达观一些、更明确一些。更重要的是，如果大多数孩子都能得到这样的关注，都能有一个这样的场合听取老师们对他的鼓励和建议，未尝不是成长历程中的宝贵经历。

站在新中教学楼的天台感受风，看天上的星星；一早在体育馆迎着窗外的太阳打起太极；手撑在凉凉的走廊地砖上排练学生节的节目；整整一天在校园的每一处花圃除草值日，累倒在草地上；惊艳于女生们为了某个重要的庆典活动齐刷刷地穿起了漂亮的百褶裙校服；周末和为数不多的几位留校男生一起在寝室里吼着《笨小孩》；在学校的大门这里接过父亲从那头递进来的洗干净的衣服；毕业后某一次乘车路过新中，使劲地把目光投进校园；每每被带着意外和惊喜的对方寻问"你也是新中的？！"……各种"确幸"汇聚成一句话语——新中，生日快乐！

追 梦

王雨婷

有时候，我会觉得生命其实就是一场等待，一场奔跑，我们在无数平淡的春夏秋冬中默默积蓄力量，平淡若水，寂寞如霜；我们在绝望中奋起，在苦难中前行，在荆棘尽头看到黎明。只为了这生命中最炫目的太阳也升起的一天。

待到秋来九月八，我花开后百花杀。

冲天香阵透长安，满城尽带黄金甲。

我是无意间看到这首诗的。黄巢，三年前他是落榜书生，三年后，他麾下百万雄兵杀入长安。"我花开后百花杀"，这是何等豪气！瞬间为他所折服，瞬间豁然开朗。于是我告诉自己，走下去，走下去，总有一天是我花开的时节。

我知道还有许多人遥遥领先于我，所以我只有拼命地追赶，希望自己有一天也能像他们一样优秀。不用再担心考试，不用再担心让爸妈失望，可以尽情追求自己的梦。我必须孤军奋战，必须为了绽放的一天奋力奔跑，否则他们就永远是我望尘莫及的背影。我知道，我必须要靠自己修筑出一座大桥，才能跨越一切鸿沟，也只有我自己，才能将我的梦想付诸实现。我用尽全力地奔跑，充满希望地奔跑，我已不再迷茫，我只是坚信前方会有一个绚烂的黎明。

等待是一种煎熬，但又何尝不是一种历练，一种恩赐。我在漫长的等待里学会坚强，学会让心沉静若水，笑对成败。我的等待是一种必胜的信念。我相信，终有一天我会用努力换来梦想的达成，我相信我将看到一个全新的自己，一个真实的自己，自信、坚强、永不言败。

不管太阳有多遥远，只要不懈地飞翔，就终会有握住那金色锋芒的一天。

我淡淡地笑着回看逝去的一年，似乎总是睡得很晚，似乎总是奋笔疾书，似乎总是很累……但这一切都已不重要了，我知道我必须付出努力，才能换来一个太阳升起的日子。

青春总少不了那一抹蓝

钱以文

当我落笔时，脑海里浮现的是去年此时我手拿着录取通知书，怀揣着既激动又紧张的心情，期盼着在崭新的学校见到新同学。

时光飞逝，我在新中交到了许多新朋友，也与相识的同学加深了友谊。回想起来，这一年里的种种如走马灯般在眼前闪过。赤色的校园每每令路过新中的我艳羡不已，这是校园的热情洋溢；橙色的老师们魅力四射，无论几次都使我敬佩他们的博学；黄色的社团生活再次令我体会到新中的丰富多彩，这是社团的活跃动力；绿色的同学们总是在阵阵爆笑中让我感受到他们的幽默有趣，这是同学们的青春迸发；青色的梦想总会在我低迷时给予我前进的动力，让我勇往直前；紫色的挑战在使我倍感压力的同时也带给我成功的喜悦。蓝色的心情是最复杂且捉摸不透的。蓝色总是代表着忧郁，但在新中这所七彩校园中，几乎没有时间能让我忧郁，总是被各种令人捧腹大笑的事打断。

那么这个蓝色代表着什么呢？

还记得在高一的结业式上，老师与同学们都不约而同地感叹道高一就这么过去了，居然这么快就要高二了！我也觉得十分不可思议，尤其是在临近期中考试时总会想怎么还有半个学期啊，而今却真实感受到时间就像流水沙金，在不知不觉中悄悄从指缝里溜走，回过神来时它已经消失殆尽了。此时总会有一种奇妙的心情，似不舍，似惋惜，似疑惑。

蓝色的心情透露出不舍。当我们踏上高二的楼层，是否还能见到我们熟悉的可爱的老师们呢？早在期末考试前，已有各种小道消息称某某老师高二有可能不教我们了。这也许是八字还没一撇，但分别总是会有的。尤其到了高二下半学期的分班，不仅老师们彻底大换血，连一直陪同我们一年半，已经亲如家人并带给我们欢乐的同学们也要分别了。这种种的分离，我怎能不感到不舍呢？

蓝色的心情隐藏着惋惜。一年时间就这么过去了，不可能没有惋惜。惋惜自己一年中考试没有发挥出好水平；惋惜自己一年中没有交到十个好朋友；惋惜自己一年中没有给某某老师留下好印象等。但这些个惋惜却会激发出在下个学年里继续奋进的力量。我们不能一直沉迷在对过去的缅怀里，人是要向前看的。把这些惋惜埋藏在心底，等完成了这些目标后再挖出来也不迟。

蓝色的心情包含着疑惑。一年时光那么快，那么毕业离我们也不远了，毕业后是继续深造，还是踏上社会工作？要选择哪所大学？三年后曾经的同学还会记得我吗？这些在心里反复思考却怎么也得不出结论。在成长的过程中充满疑惑是正常的，人也是在解决一个又一个这样的问题后成长起来的。这些疑惑的确要考虑，但是当下更为重要。先做好当下力所能及的事后再考虑也来得及。

这种蓝色不是天空那高远广阔的蓝，也不是大海那深沉神秘的蓝，更不是忧郁难过的蓝，而是青春期特有的蓝色，它承载着青春期的少男少女们在七彩校园中的心情，陪伴我们度过青春的校园时光。

世界上最好的地方

杨念雪

在新中学习了两年，我不再像一开始那么怀念初中时的玩伴和轻松的学习生活了，而是渐渐开始喜欢上现在身边的人和一切。在感叹时光易逝的同时，我也懂得了，没有什么是过不去的，眼前的一切是多么可贵。在这里，我只想用最朴实的话语写下最真挚的心情。

初次踏入新中的时候，我的心情是紧张而期待的。也许是过于紧张，也许是校园真的很大，我居然迷了路。后来在这片充满生机的土地上生活了两年，每天上上下下来往穿梭，有时是争先恐后地"冲"去食堂，有时是怀着忐忑的心情去老师办公室"面批"……这一条条的路线，早已铭记在心。忽然觉得，新中好像也没有那么大。

在新中的两年，比我人生的前十五年过得还要忙碌与充实。在这里，我第一次知道酸雨是怎么来的，第一次知道食堂有那么多种饭菜可供选择，第一次看到老师可以和学生平等地交朋友，第一次勇敢地站上讲台给同学们介绍自己喜欢的东西……太多太多的第一次，在新中，每个人都得到了锻炼。

或许在学校上课时，我们感觉身心疲惫；在被老师批评时，心里会怀着小小的怨恨和怒火；在面对作业时，嘴上也会有抱怨。然而，那次午休时悄然路过老师办公室，看到老师们以别扭的姿势坐在办公桌前午睡时，我笑不出来，只是觉得他们太辛苦了。也许我们应该更成熟一些，用真心去回报老师对我们的付出，不该再抱怨了，不该再愤恨了。

三年的青春时光对于我们来说太过短暂，我还来不及适应这样快节奏的生活，竟已经走入冲刺的时光。有人说新中不及四校那么有名，我只想说，不管别人多么崇尚名校，我爱的地方，就是世界上最好的地方。

我现在终于体会了那句话的含义：学校，就是我们在心里骂一千遍，也不允许别人骂一个字的地方。

我的新中情

管怡舒

打开电脑，在想着如何写下母校九十岁生日祝福的时候，我的鼻尖似乎闻到了那熟悉的甜而不腻的桂花香味。这股仿佛在我记忆深处扎了根的味道带着我的思绪回到了新中，脑海中浮现了许许多多的画面：忙碌于各种社团活动的身影，水准一流的舞台剧表演，中秋游园会各班竞风采的盛况，每日必去的操场边小卖部，尖叫声此起彼伏的篮球赛，夜晚在新中天台上看闪耀的星星，高三堆积如山的书籍资料，永远背不完的七本历史书，还有那群"傻乐"到让老师都直摇头的伙伴们……深深浅浅，这些画面编织了我的整个高中生活。

记得那时高二刚开学就分了班，我们班因为早早就搬入了那栋属于高三学生专用的教学楼，与其他高一高二的班级遥遥相望。每天早上，我都会先经过那颗桂花树，然后爬上四楼走进教室，开始新的一天。

站在教室外的走廊向外望去，也恰巧能看到那棵树的全貌。就是在那条走廊上，我们轮流派人观察从办公室走出来的老师们步行到了哪里，也是在走廊上我们被老师叫出来谈话，站成一排吃泡面，排练英语小品，与两三个好友边晒太阳边背历史，更无数次地来来回回笑笑闹闹。我们也曾在高三晚上留校到很晚的时候，对着已经静悄悄的校园与那棵树叹一句"人闲桂花落，夜静春山空"，然后接着回教室做模拟题。但更多的时候我几乎从未注意过那棵树，它只是安静地立在那里，看着我们十七八岁的样子，见证我们每一天的成长。

见证我们每一天成长的还有老师们，她们更是我成长路上的引路人。当时我们几乎给每个老师都取了昵称：老彭和慧敏阿姨、超琴姐姐、亲妈慧超……我记得高三下半学期的区统考中，我们班的总成绩是文科班里最差的，而那时距离高考只有三四个月了，可是我们好像自己也不着急的样子，用老师的话说就是"每天只知道傻乐"。差不多同一时间，班主任老彭骑车被撞而不得不入院手术，其余三位老师开始临时充当起了我们的班主任，一副又当爹又当妈的架势。似乎就是从这件事开始，我们空前地团结了起来，更颇有些一夜之间长大的感觉。我们去看望老彭，给她带去全班写的好好学习的保证与对她的祝福，让她宽心；我们开始拉紧了高考的那根弦，因为不想让那些对我们尽心尽责的老师们失望。还好我们最后也真的没有，我们交上一份称得上逆袭的答卷——高考成绩文科班第一。或许正是因为这些，让我们对这些一路上帮助、爱护我们的老师有了更深厚的感情。十年树木，百年树人。感谢老师们当年毫不留情的批评，感谢他们对我们从不放弃和始终如一的耐心。

我发现似乎自己的记忆已自动篡改了些什么，好像那棵桂花树三年来每一天都会散发桂花香一般。其实我知道，是因为在新中那三年时光的沉淀后，只剩下如这桂花香味一般的甜甜糯糯，成为梦想最初的地方让我永远魂牵梦萦。隔着光阴细数流年，点点滴滴满是笑意，正应了那年毕业晚会上我们唱的那样"那一年天空很高 / 风很清澈 / 从头到脚趾都快乐"。行文至此，那股子桂花香似是更淡了，但我知道在新中的那匆匆三年将是我心中最珍贵的三年，谢谢母校！母校生日快乐！

我们正青春

孙 菁

"挑战"这两个字在生活中甚是常见，而在当今社会，各种各样的挑战也是接踵而来。作为一个准高三的学生，未来的一年就是眼前一个巨大的挑战，或者说，是一场战役，一场没有硝烟的战役。三年时光，我们拼搏只为此刻，十二载学习生涯，梅花香自苦寒来。我们的青春，充满了挑战，我们也将其乐无穷。

那么挑战从什么时候开始呢？我想，在你不知不觉的时候，它已经悄悄开始了。除了练兵式的枯燥习题，淘汰式的检阅考试，挑战很可能还是你身边的一些小事。有一家大型企业的面试引来了大量的精英人才，在实习期间经理看到一位实习生的办公桌上凌乱不堪，各类文件、资料混杂，经理让他拿一份文件，而实习生在凌乱的桌上找了很久方才找出文件，经理当即辞退了这位实习生。显而易见，连自己的工作环境都整理不好的人，又怎么可能处理好自己的工作呢？乱糟糟的环境势必会影响工作节奏，继而使工作效率下降，形成一种恶性循环。那么同理，高三的书本、试卷、参考资料的确是很多，但这并不代表着可以不去整理和归类。在平时的学习中，尤其是在考试复习期间，从各个教室门前经过，课桌上堆满书籍乃至书堆得比人高的情况屡见不鲜，问问身边的同学，他们的回答如出一辙："懒得理东西。""没空理，我很忙。"于是书越堆越高，找东西也越来越困难，难道宁愿这样也不愿意花上个两三分钟整理好自己的课桌吗？杂乱无章的课桌更会影响工作和学习的心情，高三学习本就枯燥，又何必为自己更添一份烦恼呢？

其次，挑战来源于自己的同学们，因为很多人会把同学看作自己的竞争对手，或多或少会有几分敌意。一个商人有一头驴和一匹马，有一天商人让驴驮了大量的货物，而马只驮了一点点货物。驴请求马来为它驮一些货物，而马却不愿意，继续轻松地向前走。而驴不敌长途跋涉，最终累死在路上，于是商人把所有的货物都压在了马背上，直至此时马才懊悔不已。可见，处理好同学之间的关系也是一种挑战。周围的同学朋友，看上去是自己的竞争对手，实际上却是自己的学习对象，取他人之所长以补己之所短。大家同在高考的这艘大船上，别人的好坏进退皆与自己密切相关。别人的低潮期不应成为取笑的对象，相反，帮助别人走出困境，找到更好的学习方法也是在帮助自己。与同学相处融洽，在高三的学习中无疑是一抹亮点，能在课间嬉笑聊天也是舒缓心情的一剂良方吧。在到了毕业之后，这段时间的同学情谊会深深留在你的记忆里，成为一生的瑰宝财富。

跳蚤其实是一种很神奇的生物，它跳起的高度均在它自身身高的一百倍以上。科学家把它依次放入一排逐渐降低的玻璃罩内，跳蚤在每次跳起撞到顶后便越跳越低，而后科学家拿走玻璃罩，跳蚤的弹跳能力已经大幅下降，几乎只能爬行。其实每个人的能力都是很强的，有时候我们的确会碰到一些瓶颈或是挫折，但受到挫折之后不应该降低我们的自信心，相信自己是很重要的，也应对自己有一番全面的认知，在挫折过去之后，要给自己再尝试一次的勇气。我们不是神，考试失利也是常有的，在客观分析失利的原因之后，更应该有再次挑战的勇气。

青春本包含着失败与重新开始，定下目标的热血以及为之奋斗的精神，何不轰轰烈烈地去挑战自己，挑战新的旅途，挑战未来呢！想必这样的我们更能为学弟学妹们传递正能量，传递我们的梦想。在未来的一年中，我们要倾尽自己的全部能力，因为未来的我们一定会感谢现在那么努力的自己，未来在自己手上，未来正在为我而来。我们正青春，我们敢于挑战！

成长交响

　　"岁月荏苒，星移斗转，分秒流逝的时光催逼着我往前，提醒着我转眼已逾而立之年。猜想着，我当年的老师们如今或也眼角起了皱纹，鬓角有了霜花。新中三年的求学路，也算历经梅花苦寒终有宝剑磨砺。新中陪着我走过十八岁的成人礼，把我送进一流的大学，进而送到满意的工作岗位上。那时总觉得路在远方，到如今明白路在脚下，一晃十数载，想来这便是成长。"

温 暖 橙 光

余 婕

彩虹有七色，人生有百味。在人生旅途中的起承转合之处，我们总能寻到属于我们的独特色彩。

在校园里，我们踏下朝气、欢快的脚步，留下青春、靓丽的身影，唱出心中对于未来的无限畅想，呐喊出独特的自我。在这个如同彩虹般的斑斓之地，最让我心动的就是那一抹律动的橙。

初踏入新中，我们首先被学校的美丽景致所吸引，徜徉于丰富多彩的社团活动之中。渐渐地，随着对校园越来越熟悉，我发现真正能叩开心门永驻心间的，就是新中优秀的教师们——那一束束耀眼、温暖的橙色光芒。

盘着高高的头发，紫红色的束身裙装，蓝色的文件夹，这就是影响我最深的语文老师——施秀。初见她时，可能是学术方面的权威使她拥有强大的气场，我便觉得这老师肯定不会是像河流那样温婉流淌。一开始，她便给我们讲了她对于作业严格的要求，似乎是对我猜想的一种印证。然而她在讲完作业要求后没有急于给我们讲语文知识点，而是给我们讲了一个温水煮青蛙的故事。这个故事，我相信很多人都听过，甚至不止一遍。但在那个时刻，当我们坐在充满考试压力的高中课堂里，能听到一个老师，不仅限于关心我们的成绩，而是更立足于我们今后人生的长远发展上的谆谆教导，我第一次真正地明白，教师的职责不止教书，更重要的是育人。或许早在那时，橙色之光便已偷偷溜进心间，微微放光。我的心中，有了不同的领悟，更有深切的感动。

后来，我们已经不习惯叫她施老师，而是称她为秀姐。在这个称谓的转换之间，我们的关系也发生了转变。我们的交流空间，不再只是课堂知识的一亩三分地，我们的生活也在不知不觉间悄悄地建立起联系。秀姐时常说，她把我们看成她自己的小孩。有人可能觉得这只是场面上好听的话，但事实上，日久见人心这句话一点都没错。我们能感受到秀姐对于我们的关怀，不只是学习成绩的好坏，还有我们的品行、看问题的方式、为人处世的态度。这已经超出了一个我们心中教师应有的职责。这样的她，称为人生导师一点也不为过。

很多人把娱乐偶像或自己心仪的异性称为自己的神，到处都是"男神""女神"。可悄然之间，秀姐已经成为我心中的女神。不是因为她高挑的身材，深刻的思想，而是在于她教导我们并且自己也做到的要有一颗从善之心，更是因为我深切感受到，那活跃的橙色光芒已在心中泛滥，充斥着我、引领着我、感动着我，让我明明身处凡尘，却着实体会到了那一份圣洁与美好。

跟我们谈理想抱负的她，是严格认真的；跟我们讲课的她，是风趣专注的；跟我们谈天说地的她，是像妈妈关怀孩子一般亲切的；生活中爱逛淘宝的她，是可爱纯粹的她。

我怕分班后不能再得到她的教导，我第一次感受到了对于亲人之外的人的依恋与珍惜，一点都不夸张地说，感谢命运，让我得以有这位名师教导，有这位朋友得以沟通，有这位家人得以依赖。这一抹直击我心的温暖橙光，照亮的不只是现在，更将未来不知名的阴霾赶尽。我对于她超过学生对于老师的爱，因为她也如这般爱着我们。

她

李怡慧

上课铃已经打响了，可教室里还是乱哄哄的。

坐在窗边的同学向窗外张望了一眼，漫不经心的。忽然，他皱了一下眉头，大吼道："她来啦！"

瞬间，教室里就安静了，只有个别的，还在边往课桌里胡乱地塞着课间吃剩的零食，边赶紧抽出课本，手忙脚乱的。

随着一声声的脚步声，她，我那亲爱的语文老师，进来了。

她飘然而至，带来一阵风。

她穿着一袭长裙，淡雅的颜色、简单的花饰、舒适的搭配，甚至给人一种飘飘欲仙的感觉。手上带着一只玉镯，在不经意间，悄悄地滑落，斜靠在她的手腕上，颈间垂着精巧的坠子，新颖美观、落落大方。她的长发随风而起，飘散开来，随意地拂在她的脸庞，飘在她的嘴角，搭在她的肩头，还有一缕，滑落下来，散在她的手臂上。

她顿了顿，环视了一下四周，当确信每个同学都抬起头，睁大眼睛，才缓缓地开口。

"今天，我们开始讲《种树郭橐驼传》，先介绍一下作者——柳宗元。"说着便转身，手捏粉笔，在黑板上写下"柳宗元"三个大字，一气呵成、行云流水、落笔如云烟。她转过身来，顺势拍了拍手上的粉笔灰，似乎有些得意洋洋的意思。那字，如花瓣般，香气远播，越发清芬；那字，是成年累月的象征，一笔笔铿锵有力。

她开始讲述柳宗元的生平。她一丝不苟，用平缓的语气讲着，似乎她不只是在讲课，不只是一个讲述者、旁观者，还是一个带领者。她带我们进入那个曾繁荣、曾辉煌却难逃封建王朝由盛到衰命运的大唐王朝，她带我们回味那金戈铁马的战场，带我们来到永州、来到柳州，感受那满腔悲情，感受那呕心沥血，感受那滑过无尽泪水的苍老脸庞……

就在我们个个听得心情沉重时，她话题一转——

"对了，你们熟知中国的历史吗？历代王朝你们搞得清吗？"

我们眨巴着眼睛，开始搜索自己残余的记忆，开始搜肠刮肚，最后凌乱地报出几个朝代。

"嘿，你们历史怎么学的？"她有些不满，便扳着手指，告诉我们，"应该这么记，两汉魏晋南北朝，唐宋元明清。"

我们便饶有兴致在下面背诵着这一条不像口诀的口诀。

于是，她便顺势开始讲写作背景，边讲，边将一些关键词句写在黑板上。那笔势雄奇，姿态横生；笔走龙蛇，铁划银钩。那字，或遒劲或婉转；或如婀娜窈窕的美人，或如矫健勇猛的壮士；或如春风拂面繁花一片，或如北风入关深沉冷峻。有时，观之若脱缰骏马腾空而来绝尘而去；又如蛟龙飞天流转腾挪，来自空无，又归于虚旷，这近乎癫狂和原始的生命力的冲动中孕育了天地乾坤的灵气。

我们沉浸于其中，畅快地在知识那广阔无垠的天空中翱翔……

猛地，她顿了顿，就在此时，下课铃声响起。

她把手一挥，宣布："下课！"

然后，她飘然而去，带走一阵风。

我 的 老 师

殷　悦

"还记得那一年初次见你，一双迷人的眼睛；你的真心，我想珍惜，看见你受委屈我会伤心……"哈林的《情非得已》，送给我们如今身在美利坚土地上的班主任，胡吉鸿。

第一次遇见她，是一年前的这个时候，8月7日早上8点30分，同样是个下着雨的清晨，一如我动笔写下这篇文章的时候。初见她，不由感叹：哇，美女班主任！一件橙色的T恤活力十足，一双大眼睛透出她那小清新的气质。

是她，带着我们这40个不同的个体，第一次融为一体，成为那个在日后输什么却从来不输团结的、紧紧相连的一个班集体。

是她，带着我们第一次列队踏上新中的草坪，以一个集体的名义，踏上我们的第一步。

是她，完全放手让我们去操办属于我们自己的游园会。服装由我们自己去租借，道具由我们自己去采办，商家亦由我们自己去联系。或许在外人看来，这样一个班主任多少有点甩手掌柜的意味，可我们这些当事人却明白，这样的我们成长得更为独立、成熟。

比起其他有班主任参与的班级，我们的创意不够成熟却足够新鲜，也许我们要投入更大的人力、花更多时间、走更多弯路，很多想法一遍一遍推倒重来。可是，在无数通电话联系后，无数个网页的浏览后，我明显地感受到了自己的成长，如何与人沟通，如何计算成本、货比三家。这是胡老师给我们的充分的信任所带来的蜕变。

有多少错误重蹈覆辙，有多少痛苦还不是都过来了，想起来甚至还会笑呢。青春是人生的实验课，错也错得很值得。无论是学生节还是运动会，军训还是春游，她都如影随形却又若即若离。我们轰轰烈烈的高一生活，胡老师带给我们太多的第一次。

2011 年的暑假，她说我们是第一群为她过生日的孩子。那时我们认识她不过两天，在上午听闻了她的生日后，中午便千求万求溜出了校门买了蛋糕为她庆生。而今年暑假，我们亦是决定用一场生日为她饯别。同一群人，同一个主角，同一个时间。老师，我们不哭，您也别哭。

我们在成长的同时，她又何尝不是？初遇那时，她才 29 岁，她有自己的梦要去追、路要去走。胡老师辞去工作飞赴美国攻读研究生，这是她的决定。我们这群她最爱的孩子，不该是她前行之路上的阻碍，而是如送她上青云的风。

当泪痕勾勒成遗憾，回忆的花正盛开，回首望去，初见时这橙色的身影，挥之不去。

一个人的旅行

张鹏飞

我常常在想，一个人旅行的意义。

是为了游走于山水之间，博一份恬淡与宁静，还是将那颗尘封于琐碎生活下的心，重新滋润。我没有答案，而生活，也从未给过我答案。

我曾幻想过，在西藏的高原上奔驰，无边的戈滩，裸露的骄阳，在风中飞舞的歌声，抑或如三毛那样在金色的撒哈拉沙漠中找寻自由与生命的意义。自然，总能带给我们对于生命的感悟。车水马龙，于奔走的人群中放慢脚步，我听到的，是生活那急促的呼吸。纷飞的落叶，在路人的脚下吱吱作响，又有几人能发觉它那如蝴蝶般舞动的唯美？一直很喜欢这样一首歌："我来到你的城市，走过你来时的路。"背上一个空空的行囊，去一个陌生城市，放空自己，放空思想，装上自己的故事满载而归。

追求自己的梦想是幸福的，然而在追求的过程中渐渐迷失了当初最单纯的执著却是不可取的。而我想，一个人旅行的意义，也在于此吧。每个人都在为了心中的那个梦想而拼搏奋斗，我们却不可让那份坚持化为对于名利与物质的追求，那样的梦，本就是对于青春美好的扭曲。一个人的旅行，并非一定要到一个陌生的地方去重新生活，只要将内心净化，都是一次心灵的旅行，而对于生命与生活的热爱是需要自己用心去领悟的。一个人的旅行并非是孤独的，我们需要静心去面对真实的自我，学会一个人独立地进步。

每一处，总会有不曾发觉的风景，静下来聆听，我们能够决定的是一种生活态度，以及在一种迷失方向后重新寻觅的勇气，我们在生活的路途上边走边唱，弹自己的吉他，谱自己的故事。我想，这便是旅行的目的所在吧。永远不要让自己的心为世俗所累。不妨背上行囊，开始一段心灵的旅行，去觅寻真正的自我。

蓝 色 狂 想 曲

邵文清

春风拂过脸颊，斜风细雨散向绿油油的绒草，春雨朦胧中，新中是绿色的；夏至未至，池塘里的莲花已经曝出红色的花蕊，烈日使红色的校园愈发升温，因考试而燃起的心火也愈发强烈，夏日骄阳中，新中是红色的；三秋桂子，十里飘香，一路银杏，在这个金灿灿的校园里，踏过桂花，踩过银杏，满眼皆黄，秋风秋雨愁煞人中，新中是黄色的；银装素裹，万籁俱寂，雪，拂了一身还满，心，等待新年钟声，冬雪迎春中，新中是白色的。

万物本无色，以有色之眼观之，便也成了颜色。心境不同，颜色不同。每个人的心中都有不同颜色的新中。

撇去肉眼看四季外物对颜色的影响，我的心中，新中是蓝色的。校服就证明了一切，夏季校服的浅蓝色，是我内心的写照与独白，是我生活的态度，是我对未来的展望……

多瑙河般起伏不定的蓝色

踏入新中，心情也像蓝色的多瑙河一般起伏不定，时而高亢，时而回环。在新中，认识了许多的新朋友，也学到了新的知识，有丰富多彩的社团活动，这里的音符都是欢快的，有长音的舒畅，有抖音的轻快，一切都是新鲜的，一切都是美好的；但是心情就像河水一般，来得快也去得快，覆水难收，总有一些不愉快的经历，运动会上参赛同学的突然晕倒，老师的批评，上课没有听懂，作业繁重，如同乐章中的低音，深沉而又忧伤，又如同乐章中的颤音，心酸而又难忍。可即使如此，乐曲总是欢乐的，心情也总会愉快的，只有忘记悲伤，才能获得快乐不是吗？而蓝色总有这种魅力。

蓝调乐般开朗乐观的蓝色

蓝色也是乐观的，就像美国蓝调音乐，即使你生活在社会的最底层，即使我的成绩一直都在最后，即使我长得不够好看，即使我的性格不太讨喜，我依然是乐观的蓝精灵。

蓝调乐的曲调时而嘻哈时而忧伤，但是它们总是有一种坚持和快乐至上的力量，在你遇到老师的批评时，当你听不懂新课时，蓝色是最好的保护色，淡定而从容，乐观而向上，强烈而又深沉，是沉淀后的圆润，是我在新中的最好写照。

飞鸟在天自由翱翔的蓝色

未来是属于蓝色的，而蓝色却属于温润的新中和像飞鸟在天自由翱翔的我。中秋游园会、田径运动会、军训、春游还有放假时的我是蓝色的；被老师叫到办公室重做作业的我也是蓝色的。在这七彩的校园中，我是那微不足道却仍然重要的蓝色，虽说青出于蓝，可在我眼里，青却未必胜过蓝。蓝田日暖玉生烟，而我是一块坚强的蓝田玉，在炉火中锤炼后，总会被捧出，褪去烟雾缭绕的外壳，未来就在我的眼前。

会成长的蓝色心情

郑妍佳

蓝色，是生命的颜色。无论是生命的起源——大海，还是无垠的苍穹，它都是蓝的，它映照着我的心情。因为世间的事物在不断变化，因而我的心情也随着校园的变化而变化着——因为我融在校园，这是我第二个家。

初入新中这个陌生的环境，心情是深蓝色的，代表着紧张。我懵懂无知，随着学长学姐的引导下进了艺术厅。这一进去，像是再也出不来了。刘校长声情并茂的演讲，龚老师耐心细致的解说，还有那位深深抓住我眼球的归老师，巧合的是，她不仅成了我的恩师，而且我也成了她的助手。所以，我这颗因紧张而急速跳动着的心也因这些美好的老师而缓和了许多。

我在新中的第一年里，看到了、听到了、获得到了较之在初中四年无法得到的一些东西。我报名参加了辩论社，但过程却并不如我想象得那么顺利。我在辩论社经受了一揽子的"折磨"。先是听来自复旦大学的许老师非常专业的讲座，再开辩论会，被伶牙俐齿的"大神"们用口水"轰炸"，我只好更努力地找论据、编词……我的心情随着一次又一次的失败而糟糕，但我更加努力。一次次跌倒，一次次站起，我相信，在将来一定可以赢得一场比赛！在新中，我经历了丰富多彩的课余活动，从中秋游园节里我深刻地体会到团队合作的重要性。烧汤圆要两个小时站在那边不动，满脸冒汗，双脚酸麻，真心累！但是看到"顾客们"津津有味品尝的时候，我们都会心地笑了。此时此刻，我的心情渐渐从深蓝色转变为宝蓝色，不再那么沉重，更多的是明快。

之后还体会到和同学在东方绿舟共处三天的快乐，这是一次无与伦比的体验。我们班在定向越野中拿了优秀的成绩，班长还因此崴了脚，很多女生都忍着痛不说，男生们也都很豪迈。在晚会上，我第一次有了强烈的学校荣誉感。看着只有新中这一片挥舞着的荧光棒，像是夜空中的萤火虫，我感到心情中那抹蓝色变得越发透彻、纯粹……

记忆中那道永不磨灭的彩虹

赵嘉华

那是一个很普通的午后，教室里弥漫着一股纸张和笔墨的气息。前所未有的考试压力，压得让人喘不过气来。我放下了那支伤痕累累的水笔，随手翻开了书桌上那本崭新的招生考试手册。纸一页页地翻，心却像一只漫无目的的小鸟，游离在蔚蓝的天空中。

蓦然，一艘红色的"军舰"进入了我的眼帘。这片红，并非光鲜艳丽的大红，而是有深沉感的砖红，让人感觉到了历史的厚重感，让人有一种奋斗的目标感。于是，那只鸟儿也终于找到了飞翔后的归宿。

风风雨雨的一年过得真快，那个七月我终于如愿以偿地叩开了新中的大门，为自己在未来的三年能在这"赤的怀抱"之下不断地去实现人生的蜕变而开心。在原平路的日日夜夜里，尤其作为住宿生，我印象最深的便是这支充满活力的教师队伍。他们"高大"，又是那么平易近人。

虽然我的数学成绩不是很好，但我却格外喜欢自己的数学老师。她面对学习欠佳的学生从不放弃，面对我们所犯的错误，能很巧妙地点出，在保住了我们"面子"的同时，也能让我们深刻反省自己。记得一次午自习，老师找我去谈心，说到如何才能全身心地投入数学学习中时，她只是说："你也看到你周围的有些人他们长大后能不靠自己就能随便吃喝，你行吗？"这句话简单质朴，成了我的座右铭。后来的几个月里，在我的努力之下，自己的弱项终于有所起色。那一片橙色，真美！

学习之余，我也不忘和同学一起去参与社团活动。在"阿卡"社中，我在学长学姐的带领之下玩了好多心理博弈类的游戏。爽朗的欢笑声中，我也领会了人际交往的策略，也认识到自己的不足。虽然我们没有电视台那么爱出名，没有动漫社那么姹紫嫣红，但我们收获的是精神上的富足，这比任何东西都要可贵。无论是在学习上还是生活上，我们都互相照顾，彼此信任。我们笑过、吵过、闹过、哭过，心却一直在一起。这个集体是一个朝气蓬勃的集体，是一个充满欢声笑语的校园一角。这一片绿，我一直不会忘记。

诸葛亮曾在《诫子书》中写道："非淡泊无以明志，非宁静无以致远。"总结起来就是静水流深的道理。所以当那平静的湖水流淌过我们心灵的时候，我们是不是会扪心自问一下，我们是否太过浮夸，现在的学习是否太过于急功近利？我想有一天我能成为一位研究国学的普通人，我要让人们知道在科学技术的统治下，我们那越来越快的步伐并非是发展的源泉。

回首过去，我接受了高中生涯的好多次挑战，考试、社团、学生会竞选（虽然没选上，但也是我的一面镜子）、征文、军训、中秋游园会、学生节等，从班级到年级，从年级到学校，从学校到更广阔的外面，一次又一次的挑战，也让我明白山外有山，人外有人。高中里的第一次挑战，便是校运动会，那次我斗胆报名了 1500 米长跑。发令枪响的那一刹那，我就奋力向前冲，没有停过，周围同学的呼喊让我向着更高的速度冲刺。虽然最后在 21 个人里面我只是位列第九，但对我来说已经是莫大的胜利了，因为奋斗永远是人类永恒的主题啊。想想自己就快步入高三，开始为人生而战斗，一阵感慨之情涌了上来。在我刚刚以一名毕业生的身份进入新中时，对一切都充满了好奇心，转眼间我们已逐渐走向成熟，时间过得真快啊！但我终究还是要离开新中。只要我在新中一天，我就要全身心地去奋斗。

新中，一直是我记忆中那道永不磨灭的彩虹！

心情是个进行时

陈羿伉

我不知道我究竟是以怎样的心情来到这所校园，只记得考虑志愿时，只有一味的固执。因为曾经以外校生的身份进入它时，门卫对我的"百般阻挠"；因为初三与挚友的单方面不合，索性任性地选择不同的学校。但我清楚我进入这所校园后的心情，也许有过后悔，但是更多的还是庆幸，我很庆幸能遇到你们。

我是一个喜欢凭心情做事的人，但这样的我自然会遭到"报应"，因为不是所有事情都必须得依着自己的性子的。让心情去左右自己的学业，自己还不肯努力，如此任性，我感到所有老师都对我不再期待甚至在意。但在此时，班主任对我说，你有那份能变得更优秀的能力。对于最了解自己的我而言，我懂的——自己那有限的能力，自己那慵懒的性子，自己那随意的态度。但我却有些想改变，即使现在还有些不安，不过老师的关怀，会永远留在我心里。

在这个时期，每个同学的个性都是如此鲜明：有喜欢起哄的男生、特别八卦的女生、性格很怪的人、十分安静的人……随着时间的推移，我有些想珍惜他们了，他们一直在我的脑海中，我怀着能交上如同伯牙钟子期般的朋友的心情，想好好握住他们的手。

对学生来说，丰富多彩的活动是很重要的。以前我怕麻烦，一切活动都拒之于千里之外。而现在我希望能将活动变为最好的回忆，所以我也积极参加社团和班集体活动，尽管不能担当策划人有些遗憾，却也玩得很开心。我最爱运动会，因为那时整个班级的团结总能把人的心填满，比赛时一心只为班级的心情，只念着能取得好名次的心情，那满腔的热血沸腾，让人无法忘记。

所以我感谢，感谢能遇到你们，并感谢因为你们，我开始成长。若说从你们那里获得的最大的收益是什么，我想那肯定是想改变的心，此时此刻的心情便是，我想改变，我想有个不会后悔的、与你们在一起的回忆……

藏

袁祎慧

用蓝色形容校园里学子们的心情，想必是再妥帖不过了。在我看来，蓝色是一种美妙的色彩，它一方面是天空的象征，清澈、明媚、充满着希望；另一方面又常常与忧郁等情感作伴……这个拥有两面性的色彩不免让我想起了我们的青春——大体上也可分为两面的美好事物。

当青春以阳光少年般的形象出现时，"他"的背影——形如颓废少年，却也在蠢蠢欲动。难道把青春一剖为二进行分析，然后评判所谓的"好青春"与"坏青春"吗？不，这对青春不公平，青春没有对与错、好与坏。我们的蓝色心情就源于这个表面上有些复杂，实际上又是那么纯粹美好的青春。

经常可以在 QQ 上看到少年们这样的"说说"：一切的一切都逝去了……漠然一生……这些都是正值青春年华、长辈眼里的"阳光少年"写出来的话，它就像一抹忧郁的蓝色，浓浓地糊在了心头上。旁人看来，年纪轻轻的，胡思乱想些什么呢！更有人说是"为赋新词强说愁"。我觉得这对我们来说不公平。

俗话说：无风不起浪。我们的牢骚之词又怎会是信手拈来？虽然作为当事人的我们对这种蓝色的忧郁情感负有主要责任，但是不妨换个角度想：我们选择了在网上发表内心的苦闷意味着什么？首先网上的网友们有相当一部分是素昧平生之人，我们却毫不忌讳地对他们敞开心扉。这可能意味着我们在某些地点藏了太多心事，只能通过这样的手段来倾诉。总而言之，在忧郁面前，部分的我们选择了躲藏。

既然选择用网络这种方式释放情绪，就说明部分的我们还是渴望被关注、被宽慰的。也许是因为青春期的叛逆等种种缘故，少年们的嘴很犟，有些心事就是不说，憋在心里的结果往往是钻了牛角尖。

情感是自然的流露，横加干涉则会扭曲了情感。倘若再密封起来藏在心里，严重的话会导致心态的失衡。

　　一直念念不忘的是那起马加爵杀人案，多少人不禁感叹：他曾经是个多好的少年啊！是呀，云南大学、品学兼优……都曾是他的"名片"，然而，"四条人命""心态失常"这些新标签也死死地贴在了他的身上。他是个悲剧，让人叹息的悲剧。纵然他的室友们的恶在于先，他也不该夺人性命，没有人拥有这样的权力。心态"残缺"，再多的好恐怕都是场浮华。

　　老人家常说："有些话得说出来，憋在心里小心憋出病来。"初闻觉得有些好笑，现在想来倒是有几分道理。

　　青春本纯粹，它变复杂的原因是人为的。因此，身处校园里的我们应学会释放阴霾的心情，从而获得一份由衷的平静。

　　校园时代的心情是青春的符号，藏多了、藏久了的话青春不就残缺了吗？愿蓝色的心情多一份明媚，少一份忧郁。

记得当时年纪小

王剑娇

毕业十几年后，越来越忙，回想起来，已有好些年没回新中看看了。不知女生宿舍楼前的桂花树长得可好，教学楼下那棵我们取名为"眷阳"的香樟是否也好；不知在每一个清晨黄昏，是怎样的又一群半大不小的学弟学妹们，走在那一处处曲径通幽的红墙小道；也不知那首我们当年改编的歌谣如今可还有人记得曲调——"记得当时年纪小，你爱谈天我爱笑……梦里花落知多少。"

记得那时天真烂漫。花季雨季懵懵懂懂的年纪，一知半解地读徐志摩、顾城、舒婷、北岛……为赋新词强说愁地写了那么多诗、那么多歌，任性玩笑地给花木墙厅取奇奇怪怪的名字，仰躺在操场上肆意地做着天马行空的白日梦……现在想来，那一个个固执坚持的韵脚，那一株株无端被派了新名的花草，那一日日惆怅聊赖的青春年少，何其美好。

记得那时忙碌热闹。青春火热理想燃烧的年纪，我们在课堂上汲取养料，在运动场上挥洒汗水，在社团里集思广益，在学生节时各领风骚……那个时候，高考好像很近，又好像很远。有时候似乎在书海题海中埋首得没了时间，但更多的时候我们在丰富多彩的校园活动中不知不觉地自我提高。现在想来，只有大步跨过高考门槛之后我们才懂得，有目标、能忙碌的日子有多好。

记得那时叛逆莽撞。不知天高地厚的年纪，并不懂得学校的用心良苦，老师的不辞辛劳。我们毫无顾忌地给老师们取各种绰号，我们偷偷地逃过查房阿姨的检查在寝室夜聊，我们有时甚至直言顶撞，完全不知什么尊师重道……现在想来，（这话说起来有几分现实和残酷）只有在社会摸爬滚打过几遭才会知道——除了父母，只有老师才会对我们的莽撞任性无怨包容、毫不计较，全心全意唯盼我们好。

岁月荏苒，星移斗转，分秒流逝的时光催逼着我往前，提醒着我转眼已逾而立之年。猜想着，我当年的老师们如今或也眼角起了皱纹，鬓角有了霜花。

新中三年的求学路，也算历经梅花苦寒终有宝剑磨砺。新中陪着我走过十八岁的成人礼，把我送进一流的大学，进而送到满意的工作岗位上。那时总觉得路在远方，到如今明白路在脚下，一晃十数载，想来这便是成长。

然而时间却慷慨地给了新中一张青春不老的脸，那红墙绿茵的校园，永远簇拥着一群花样的少年。关于三年新中生活的回想，其实简单明亮，就像那歌谣又在耳畔悠扬——

> 记得当时年纪小，
> 你爱谈天我爱笑。
> 并肩坐在桃树下，
> 风在林梢鸟在叫。
> 不知怎样睡着了，
> 梦里花落知多少。

我 的 挑 战

龚艺璇

懒懒的阳光在那朦胧的迷雾里偷偷地探出了头，一阵初冬的冰冷缓缓袭过。我在这个繁忙的城市里慢慢地前行，默默地穿越那熟悉而幽静的小巷，去寻找着某种记忆的东西，心情跟这雾气一样。时光匆匆过，一切都变得那样的浮躁和不安。就连那看惯了的河水，也似乎比平常流淌得更仓促。回想过往，一切都是在那么迷茫中流逝，一切都是那样不知所措。听着老人那忠言逆耳的劝告，握着那不肯松开的拳头，知道在人生的路途上，需要毅力与坚强，汗水与泪水的流淌。有些惆怅，有些害怕，有些怯懦，但心中更多的是想要挑战的激情与勇气。我想，现实生活里，就应该挑战自我。做一个挑战自己的人，才会实现理想！

记得老子曾经说过："知人者智，自知者明，胜人者有力，自胜者强。"意思是说，一个人，能够了解别人、慧眼识人，是聪明之人，但能够认识自己、了解自己的人，才是真正有智慧的人；能够战胜别人的，只是有力量的勇士，但能够战胜自己的人，才是真正的强者。说得实在是太好了，想一想，在我们日常生活中，人遇到困境并不可怕，可怕的是我们自己失去自信，失去斗志而被困难吓倒。生活，是一本教科书，很多时候，我们身边的环境并不如我们所愿，在困境中，更需要学会欣赏自己、相信自己、肯定自己、鼓励自己，这样就会发现，其实生命将会焕发新的生机，让我们在生命的每时每刻，都能做一个全新的自己，一个敢于挑战的自己，一个生命飞扬的自己。

有时候，我们在面对那汹涌澎湃的大海，会发自内心地感叹"逝者如斯夫，不舍昼夜"。时间实在是流走得太快了，我们还来不及怨叹那生活的忙碌，接下来的却是更加严峻的挑战。岁月让我们明白了"一寸光阴一寸金"的道理。不仅要在跑道上争分夺秒，而且在这个梦想起飞的起飞线上更应该争分夺秒。与时间赛跑，珍惜美好时光，我们应该时刻坚定信心，挑战自我，勇敢地张开那飞翔的羽翼，冲破艰难险阻的隔膜，向蓝天飞翔！

　　诗人莱蒙托夫曾经说过："一个人的头脑里只装自己的人，是空虚的人。"空虚的人是不可能从挫折中摆脱出来的。遇到挫折时，我们应该先在自己的身上找找原因，多剖析自己，使自己日益成熟起来。其实，我们每一个人，都各有各的性格特点，都与众不同，有着自己独特的美丽。生活原本如此美好，天空原本如此晴朗，需要改变的，不是身边的环境，只是我们自己的心态。

　　自种桃花在庭外，门前自有桃花绚丽开放。我想，我们应该从自己做起，从现在做起，生活才会充满生机和乐趣。珍惜时光，完善自己，挑战自我，生命才能闪烁光芒并更加靓丽！

最幸福的莫过于一直超越自我

矫 倩

两年前那个初夏，我告诉炙热如火的太阳，我这颗小心脏里面装了一个愿望——考入新中高级中学。那是一股对我来说很强大的力量，指引我、鼓励我，因为我想要去到那个梦寐以求的地方。而后我真的站在这片土地上，连我自己也不知道，我会为它留下委屈和心酸的眼泪，我会为它呐喊，我会为它疯狂。

和许多同学不一样，我来自一个没什么名气的初中，即便如此我也很骄傲，我不是长在温室里被人悉心栽培的花，我经历过风吹雨打。也许是因为不适应，刚实现梦想的我开始碌碌无为，上物理课经常睡着，以至于第一次月考物理考了全班倒数。数学也学得不理想，考试总是不合格。为此我从云端跌入谷底，每次放学回家看着街边的路灯，可以照亮黑暗，可是我为什么还是站在一片黑暗中，如此无助而堕落。我不甘落后于人，我明白在这个时代，除了自己没有谁是我真正的救星。

我入学时的第一次月考班级排第 30 名，期中考排第 21 名，期末考排第 18 名，到高二上期中考班级排第 9 名。这些成绩只有一行字，可也只有我自己知道我创造出的每一个足迹有多么不易。整整花了一年时间适应这里，我开始对自己重拾信心，我相信我自己还是那个无畏风雨的少年。我可以做到，成为我想要变成的、更好的样子。我没有在任何一节课上打过瞌睡，下课时间大多用来做作业，后来选择住宿也是因为晚自习效率较高。相比一年前，我更加踏实、懂事、快乐。

高二分班后的第一次班级月考我考了班级第一。我并没有次次考第一的实力，我骄傲的是能一次一次超越自己。转眼间，到了高三，我感谢让我痛苦过的那些日子，因为它们都是对我的挑战。接下来的一年里，我准备好了要面对更多的挑战。明年的这个时候，我希望我能实现我的理想，让我所有的辛苦都变得值得。

也许……才能……

季 慧

生活该是崎岖的还是平坦的。也许我该好好想想，才能得出结论。但不管是怎样的人生，总是有自己想要实现的理想的。

崎岖的人生更能激励人的潜能。我很佩服那些敢于冲往崎岖道路的人，即使撞得头破血流。他们做了很多人想不到的选择，得到了很多人想不到的结果。这是他们人生的意义，拼搏一次，不论成败。而对于没有走这条崎岖路的人，少走了弯路，少走了路程，也就错过了风景，错过了经历。人生所拥有的，最能观赏美景的时刻就是现在所剩不多的年轻时刻。也许不抓紧品味，有些深意也就会随着沉默消逝，永远也再不知。

平坦的人生更能满足人的心理。我很喜欢追寻平坦的人生，也羡慕那些生活于平坦道路上的人。他们享受着其余人看不见的快乐。我喜欢霍尔顿说他要做一名麦田守望者，看着小朋友们嬉戏，就是他的快乐。走平坦道路的人，就像是个孩子，有着孩子气。对于他们的伤害，只是破了一层皮。所以实际上，平坦的路上也不会是一帆风顺。平坦之路是一种心安，虽然路上也会有些波折，也许只有走到自己不能再前行之时才能发现，过去的波折已经不见。

的确，我们现在活得都很艰难。既有外界压力，也有自己不停给自己的压力。我们都在不断挣扎，努力走着自己的人生路。走在崎岖路上的人，会在路边偶尔停下，体会着一路上的经历，但却只能痛而不言。也许只有成功之刻，他们才真正爆发。走在平坦路上的人，生活处处拥有快乐，但更多的快乐，让他们只是笑而不语。也许只有当他们抵达苦苦所求之心境时，他们才会真正释然。可不管怎样，这样的问题必须存在：选择崎岖还是平坦。

请静下心来，慢慢回想一下自己曾经走过的路。

走在崎岖路上的人，会说后者不求上进；走在平坦路上的人，会说前者不懂生活。崎岖的道路，往之而不敢行；平坦的道路，欲之又难求。我想现在应该已经做出了决定。装一回高尚，我的选择是平坦的生活。也许平坦的生活，才能掌握好自己生活的一切。时间和心态尽在自己掌握。我并没有否认崎岖的道路，它是一个人成长的必经之路。但就如同说出"攀比是产生烦恼的根源"的人，应该也是攀比不如别人才得此名句，我想我应该是走过了不少崎岖路，才想走平坦路。

但无论走哪条路，多少年后，回望自己走过的路，发现自己的轨迹也仅仅只是一条单行路而已。现在被抛弃的选择，早就消失在做出选择的那一刻。既然走在这条单行道上，选择崎岖或平坦也就不那么重要。无论怎么选择，这条路我想是没有终点，但却是充满回忆的吧。

你看不懂我，就是因为你站在了你的角度看我。也许换个角度，你才能明白：生活，不会像自己想的那么糟，但也绝不会像你想象的那么美好。做出自己的选择，远远比待在原地停留要重要。不能在这样的问题上浪费太多的青春。当你自己真心感到自己的老去时，你就真正老去了。在此之前，我希望能勇敢拼搏，至少不悔自己的人生。

梦想赋格

　　"梦想需要我们用泪水与汗水换得。成功的那一刻，多少辛酸涌上心头，或许那份艰辛只有自己懂得。我们在多少次想要放弃的时候坚定了信心，在多少次被撞得头破血流后擦擦伤口继续前行。是的，我们只希望在最好的年华里成为最优秀的自己。"

弦途有你，乐犹在心

陈 戈

"人生就是一段旅程，每个人都像一个旅客，乘在船上，沿着永恒的时间之河驶去，在某一地方上船，在另一个地方上岸，好让其他河边等候上船的旅客。"

——林语堂

回望在新中的七年，新中予我一段启迪的航程。1993年秋，我进入新中时的校址在蒙古路48号，靠近西藏北路，也就是如今大悦城的对面，现在看来也是黄金地段了。正因为寸土寸金，整个校园也就两个篮球场，回字形的教学楼，容纳了从预备班到高三共七个年级的一千多名师生。校园虽小，但环境整洁干净，当时一个有名的比喻是新中校园宛如盆景。只有当全校做广播操的时候，盆景无法显示袖珍之美，只显局促。体育教研组的老师们颇有创新精神，他们让单数的班级上午在操场，双数的班级在教室里做操，下午双方轮换，以解花草多而盆太小的困局。这大概是今时中国多地"单双号限行"的政策雏型吧。

为了满足不同年级同学的需求，学生广播节目有两套，红领巾广播台面对的是初二以下的少先队员，每周五播出一次，主要是播出少先队组织的动态，介绍各班优秀少先队员的事迹，节目比较正统，有点像新闻报道。严格意义上，另一个节目才可称得上"新中广播台"，主要面向的是高中同学，每周二、周四中午播出，节目形式比较自由，还可以播流行歌曲。

我无法确定第一次在新中广播里出声的具体日子，或许是在某一次的红领巾广播里。依稀记得自己紧张地站在广播室门外候场，手心都是汗，等坐到话筒前开始念稿，声音都在颤抖，播完以后整个人几乎都要虚脱了。想必当时听到这期节目的同学，肯定怀疑这个男生的红领巾是否系得过紧，导致严重的失声。好在大队辅导员如岚老师和播音组学长学姐的包容和鼓励，我得以留下改造。

大概就从那时起，自己开始真正喜欢上了广播，每天着了魔似地守在收音机边上，当时成立的东方广播电台 FM101.7 和 AM792 是我的最爱。随着不断的练习和积累，我慢慢适应了话筒前的节奏，从初二年级开始，我从红领巾广播台升迁到了新中广播台，虽然还是同一个广播室，但节目形式更灵活，不再是一味地播读写好的稿件，需要临场发挥，而且可以在节目中穿插播放一些流行音乐。当时还处在"卡带时代"，一盒卡带的价格是 9.8 元，而相较 5 元的盒饭钱，可谓奢侈。于是，身边的同学，就成了卡带取之不尽的宝库，而作为回馈，提供卡带资源的同学，可以优先在节目里送出祝福。这样，节目里的歌曲来自同学，拥有多样性，同时点播也增加了与听者的互动。每个周二和周四中午 12 点 30 分，广播室的播音调控台和一个双卡录放机陪伴着我，我们的声音和卡带里的旋律萦绕着校园。有两个画面给我的印象很深，圣诞节前夕的节目，广播室门口被要求点播送祝福的同学排满；节目中播放了风靡一时的日本卡通片《灌篮高手》的主题曲，放学时我听到几位男生愉快地哼唱着走在回家的路上。

1998 年秋天，我升入高二年级，建校七十三年的新中中学从蒙古路迁入今天的原平路校区，新中高级中学诞生。校区硬件设施的改善让老师和同学欣喜之余，也惠及了新中广播台。除了两个独立的卡带录放机，新广播室还配备了一台 CD 播放机，原来一个固定式话筒增加为两个可移动式话筒。我向当时的校团委书记陈聆洁老师建议，我们是寄宿制学校，大部分同学一周五天都在学校，是否可以每天中午都播出校园广播节目。陈老师非常支持这个提议。于是，每天中午 12 点 30 分至下午 1 点，新中广播台的节目都准时在校园中回响。节目组成员也从 3 人增加到 6 人，每天节目前的 15 分钟都有一个固定的主题。周一的时政新闻节目里，曾邀请教政治的金玉林老师畅谈当下政治热点；周二的动感体育节目，老师和同学对中国队冲击 2002 年韩日世界杯做了大胆预测；周三的"你我身边事"关注校园新闻，曾制作了同学们半夜观测狮子座流星雨的实况专题；周四的"今天我当家"，请一位同学做主播，介绍他 / 她喜欢的或关注的事物。

除了每天的主题节目，另外有两个常设栏目贯穿每天的节目中，其一是"每周主打星"，用一周的时间重点介绍某一位音乐家或艺人的代表作品。栏目中的主角不仅有 Michael Jackson、张学友的流行经典，还有雅尼、恩雅的新世纪音乐，更有莫扎特、贺绿汀等中外音乐名家。另一个栏目是"给你五分钟"，是每天的点播节目，由比我小一届的学妹策划主持，每天都会有温馨的祝福在节目中送出。

在高中所谓的"拼命年代"，我们还能每天直播节目，大家可能觉得太不可思议。现在回想起来，有三个有利条件是办节目不可或缺的"东风"。首先是学校老师的支持，新校区的硬件平台，在中学校园出现的日播学生节目，时至今日，依然难能可贵，此谓天时。其次，我加入了上海电台的学生节目"青春太阳"，并参与了FM103.7"音乐广场"节目编辑，因此广播和音像资源可以共享，可算地利；最后，节目组成员对于广播的热爱，可谓志同道合，加之分工明确，执行效率很高，是谓人和。

彼时的卡带播音在短短二十年间，经历了CD、MD、MP3到网络云端的巨变，我很高兴对于广播的热爱，在之后的复旦校园和自己当下的生活中，得到了分享和延续。即使广播并未作为日后的职业，但那时的热忱和努力，不失为自己的收获，与堂皇茂盛相比，虽微小，但悦然。

七 彩 校 园

王俊祥

有一段旋律犹如一片书签,每当听到它,我的思绪就随之翻开了封存已久的回忆,眼前浮现出一张张青涩的笑脸和那最美丽的三年时光。

新中三年,各种欢乐与忧愁碰撞,是迸发出最绚烂火花的年华。记得高二的那个夏天,没有高一学弟学妹的那种未知的恐惧感,也没有高三学长学姐的忙忙碌碌,是在社团活动中尽情挥霍光阴的大好时候。

那是一个市里举办的唱歌比赛。我、贤姐、奶牛、野猪组成了一个小型合唱团参加比赛。每个周末早晨的排练成为我最向往的时光,那一段暂时抛开书本作业,投入做一件自己喜欢的事情的感觉现在想来,即使再也没有课业压力的我也是美好但可望而不可即的了。我总喜欢提早来到学校,先不去排练的音乐教室,而是走向大厅的那台钢琴。周末的校园总是寂静得迷人,只有很少的住校和外籍的学生经过。翻开琴盖,指尖流淌出了开头的这段旋律。这首歌是日本女歌手 Angela Aki 的经典作品《信～给十五岁的你～》,初听这首歌是在学校组织去日本交流的时候,冈山高中的合唱团给我们带来的,不懂日语的我只知道旋律好好听,上网搜索后才知道歌词一样细腻感人。"人生中发生的事情肯定有自己的意义,一定要小心地呵护你的梦想,坚定信心!"这也成为我日后常挂在嘴边的一句话。一曲弹罢再回到教室与团员会合,等人都到齐了我们就开始一遍又一遍地排练。每位团员的声音都有自己的个性,刚开始总是把握不好,只好跟着伴奏每个人都把整首歌唱一遍,然后找出合适自己的部分,再根据舞台效果加以修改,满意以后再开始无尽的循环彩排。从一开始的一首歌被几个人唱到最后的几个人唱一首歌,这一个多月以来我们一群人和带队老师一起挥洒汗水,一起放声大笑。

比赛那天终于来了,我已经记不清最后的结果了,依稀记得是一个很不错的名次,可有谁真正在乎结果呢,享受过程才是我最大的财富。这次的经历给我们之间培养了无可比拟的默契，有一次贤姐大学毕业演出邀请我、奶牛、野猪一起去，在舞台上一个眼神一个动作就知道对方需要什么，这种无间的合作源于在一起排练的那些日子。

时光如白驹过隙，美好的时光更是如此，一转眼我们来到高三，我的学习成绩不是很突出，所以也开始为将来做打算，随着高考的临近，我越发不安起来。正在此时，国航招收飞行学员的通知在各个教室的公告栏上出现，当时对这个充满着神秘的职业一无所知，只是觉得戴着墨镜穿着制服拖着箱子满世界飞的工作很不错。于是到了初检的那一天，记忆中那是一个风雪交加的日子，怀着一颗火热的心，这也是我唯一能准备的东西，去往了国航的总部。到了那边发现想来试一试的同龄人还挺多的，我信心满满，心想怎么也得拼一拼，美好的前途说不定就从这里开始。

填完一张表格就来到了初检的房间，里面简单有序地放着测身高体重的仪器、视力表以及转椅，完成一个项目就进到下一个项目，一圈做完就算初检合格。平时视力还不错，坐车也不容易晕车，看来这些项目难不倒我。

"身高184厘米，体重85公斤！"测量人员向身边的记录人员说道，当我准备转身前往下一个项目的时候，记录人员把我拦了下来，"小伙子，你超重啦，好好回去学习考个好大学吧！"什么？！超重？！被淘汰了？！听说飞行体检很严格，没想到那么严格！出了大楼我就近找了一家肯德基点了一份汉堡套餐狼吞虎咽了下去，果然食物能带给人幸福感，吃饱喝足，搭车回到了家。

接下来的日子和往常一样，我把自己奉献给那些永远读不完的书，做不完的考卷，搞不懂来龙去脉的公式，直到有一天，班主任谢老师在班级公告栏上贴出了东航招飞的通知，并问我要不要再去试一试，我想开玩笑吧，怎么可能成功。

招飞初检的地点在离我家不是很远的一个学校，既然如此那就去试试吧，事后证明这是我做的改变一生的重大选择。确定了要去，得做一点准备，起码不能再因为超重被淘汰，于是操场成为我放学后教室到家两点一线中的第三个点，耳机里循环着《憨人》《倔强》《直到世界尽头》……幻想着自己是阿甘，在跑道上无休无止地跑。果然，生活就像是一颗巧克力，你永远不知道下一颗是什么味道。在几个礼拜的努力下，我顺利通过了东航的各种检查。

现在想想，人生中发生的事情肯定有自己的意义，你或许不能立刻发现它是什么，但是随着时间的推移，你会明白它们的存在是合理的，可能帮你少走弯路，可能在人生的方向上给予你一点提示，谁知道呢。

现在，那些回忆都已经很遥远了，大厅的那台钢琴还会不会奏出美丽的乐曲，操场上还是不是有为了自己的梦想挥洒汗水的人，我不知道，但我知道，也许正看着这篇文章的你，也在笑着品尝那些年我们尝过的苦涩。

在最好的年华里成为最优秀的自己

茅怡雯

无数水晶泡泡飘浮在和煦的阳光下，它们承载着我们的梦想。虽然我们只需轻轻用手指一戳，它们便散落成无数个小水滴落在地上，不久后便无影无踪。然而我们只需轻轻用手一挥，它们便飞向更远、更高的蓝天，在阳光下折射出彩虹般的七色光辉。

梦想是一个遥不可及却又仿佛触手可及的代名词。我们有时整日为它奔波忙碌，却不知道我们到底要的是什么。甚至在追寻它的路途中我们错失了更珍贵的东西。不要彷徨，不要迷茫，让我们抬起手臂，将手表上的指针轻轻拨回那个最初的起点。在那里，拾起我们最纯真的梦想。

信步走进校园，听到主席台上的高谈阔论，我们渴望成为那个集万千荣耀于一身的人。踱步朝里走，我们看到充斥着汗水的篮球场，我们梦想着能在一次次比赛中分享胜利的喜悦。继续感受着那份来自心头的热切，我们走进最熟悉的教室。用手指缓缓在黑板上滑下一道优美的弧度，我们希望能在题海中找到只属于自己的诺亚方舟。

微微闭上双眼，我们仿佛置身于一个充满压力、充满竞争、充满挑战的世界。我们渴望在这些束缚的环境下突破自我，化茧成蝶，用积蓄了许久的力量，换得催人泪下的成就。梦想就在此刻得到了升华，得到了最终的绽放。

其实每个人的梦想都是一样的，我们渴望成为一个更完美的自己。在荆棘中我们开辟一条康庄大道，在人海中我们用尽全力挤出包围，在夜空中我们划破夜幕，闪烁出耀眼的光辉。

所有人都渴望自己变得与众不同，所有人都梦想拥有至高无上的荣耀，所有人都希望取得成功。可是否有想过，我们每个人都是与众不同的，可却为了要附和他人的要求变得世俗，变得千篇一律。是否想过，我们在尽力得到想要的东西时，也放弃了身边最珍贵的东西，丢弃了最初的纯真。

梦想是一个圣洁的词汇。它在那些善良的人心中诠释得如此动人,可是却在卑微的人眼中不敢碰及。它真的是如此简单,我们只需守护好心中的那份净土,不断完善自我,朝着心中的那份梦想前行,无论多久我们终将会看到它熠熠生辉。

梦想需要我们用泪水与汗水换得。成功的那一刻,多少辛酸涌上心头,或许那份艰辛只有自己懂得。我们在多少次想要放弃的时候坚定了信心,在多少次被撞得头破血流后擦擦伤口继续前行。是的,我们只希望在最好的年华里成为最优秀的自己。

没有梦想的人生是不完整的,没有梦想的人更是永远不会长大的。我们只有在追寻梦想中才能看到生命的真谛。有时我们真心可以对自己默默地说一句:我在努力变成那个完美的自己,你看到了吗?

我 的 梦 想

朱佳奕

每个人都有梦，或伟大或平凡，无论现在的它有多么不切实际，然而它只是一块未经雕琢的璞玉，好好守护它，等待时间伟大的洗礼，在脱胎换骨中成为你这一生都难以割舍的瑰宝。

走在陌生的街头，整个人迷茫而又空虚，我好像听不到也看不到，所有的事物都不再能感觉到。

我一直盼望总有一天，我也可以拥有一件真正属于我自己的东西，只要那么一件，小小的，亮亮的。我懦弱着不去争取，只是期待。也许，那更应该叫作指望，我指望着不劳而获的明朗。在漫长的等待中，我一遍又一遍地徘徊，不问过去，不想未来。

我想，一无所有的人是悲哀的，但是我只是怯怯地守着自己，什么也不愿改变。那是变相的囚禁罢了。迷茫的我找不到前进的方向，甚至我根本不知道自己还在等待着什么，那些早已过去的和还未到来的？或许都不是。

我忽略了什么？

我惊慌地发现，是现在。现在我早已拥有的，内心深处的那一点，小小的，亮亮的。

那是梦想，我的梦想。

那一刻，似乎所有的阴霾都消散了。就好像是撕破黑暗的第一缕阳光，瞬间的光芒刺痛了麻木的神经。我突然就喜欢上了那一瞬间微微的痛感，耳畔传来清晰而鲜活的心跳声。

我终于明白，原来我一直都在路上，我早就已经出发。我一直在寻觅的不过是我早已拥有的。我从来就不曾一无所有。那些曾经的迷茫和彷徨一下子变得遥远又清晰。

明朗、开阔，似乎都不足以形容这样的感觉。好像是失而复得的欣喜和激动，却又不尽然。

难以言喻。

我体会到了梦想在手中如火苗般慢慢温暖起来的感觉，我看到幸运女神轻轻吟唱着，时间老人缓缓走过，而我的梦想在发光，温柔地覆上心房。

明明起初只是很小的一块光斑，却以惊人的速度俘获了每一块黑暗的角落，最终熠熠生辉，璀璨夺目。

突然明白，即使鸟儿明天就会失去飞翔的翅膀，但今天的人们仍旧会记住，在那浩瀚的天空下，曾有一个永不倦怠的身影。曾经的等待也许消极而懦弱，但它并非毫无意义的，那些寻梦的痕迹本就是梦想的一部分。

所以，当你暂时迷失了飞翔的方向，记住要让迟疑的翅膀仍旧保持飞行的姿势，因为一旦停下，才是真正的万丈深渊。

在那至高的一点，在只能看到自己的那一秒，我终于发现了自己，终于认识到了真正的自己，梦想让生命在这一刻才完全体现出它的价值。

梦想就像一颗种子，你在心底种下它，养它以汗水，灌它以岁月，于是，它最终成长为一棵参天大树，为你遮阳，予你避雨，收获你满满的喜悦。

彩色的未来，彩色的梦。我的梦想不是硕果累累的金黄，不是稚嫩幼苗的新绿，而是青，花堪落，初结果的青涩。

梦想还青，却终有一天会绽放出彩色的光芒。而我想，我迷茫，我徘徊，我寻梦，都让我的梦想在通往未来的路上策马奔腾！

我有一个梦想

李怡慧

路上，车来车往，嘈杂忙碌。

车里，人头攒动，拥挤不堪。

生活的节奏就这样越来越快，我的心也被无情地带动了起来，匆匆地来，又匆匆地去，追随着风儿，如蜻蜓点水般一掠而过。

曾以为，可以永远这样，永远不知疲倦地跑下去、跑下去。

可不久，心累了。

于是，我就萌生了这样一个梦想——

我梦想每天有一段时间，我能浮想联翩，回忆曾经的点点滴滴。回忆，就像把玩石子儿那样，筛选出经过大浪淘沙后依然留存、依然闪闪发光的记忆碎片，将它们塞入古老的卡带机里，静静聆听从记忆隧道那头传来的歌谣。曾记否，那张慈祥的脸？曾记否，那个温暖的后背？曾记否，那本被翻烂了的小人书？曾记否，那种透心凉的冰激凌？曾记否，第一次获奖时向上翘起的嘴角？曾记否，第一次被骂得狗血喷头时滂沱的眼泪？曾记否，和他们一起举起右手，庄重宣誓时的场景？曾记否，和他们拥抱、依依惜别的场景？曾记否……这一切的一切，使我在回忆的海洋里畅游，使我疲惫的心得以解脱，让我尽情地洗涤我的心灵，舒缓我的身心。

我梦想每天有一段时间，我能浮想联翩，思考如今的人生之路。此时的思考，不需要香气四溢的烧烤，不需要激情澎湃的摇滚，只需要伸手抓一束阳光，放在耳边，倾听它的温暖，然后，让它深入到内心，叩击我的心声。今天做了什么？为什么会这样做？这样做到底对吗？我抚摸着疼痛的伤口，开始梳理乱七八糟纠缠在一起的思绪。是到了再一次向顶峰发起冲击的时候了吧！但，若又跌倒呢？是不是该转弯了呢？也许这之后，会发现上帝留的另一扇窗子呢！……在这段时间里，想了很多、很多。思考现今，感悟人生，能沉淀自己的内心，能对自己做出正确的判断，能制止自己错误的行动，能在思索中剔除自己心灵的污垢，能获知生活的真谛。

我梦想每天有一段时间，我能浮想联翩，规划今后行走的方向。或许，我们很忙碌，但依然快乐，快乐地为那个憧憬了很久的目标而努力奋斗者。但又或许，我们就像工厂里的机器一样，只会忙碌地重复着，完全不知道目标。所以，我要确立我的目标，规划我行走的路线。我想，可能你会说，世上的一切不会完全按照你设想的来。我笑笑，不说一句话，只是拿出一堆稿纸，给你看我修改的路线。这些线路不是一个小孩子的信手涂鸦，而是通过思考后，我郑重的手笔。我每天都会思考，都会审视我的路线，有时我意识到，往树林里走只是死路一条，所以，就擦掉了那条路线，向左拐，走向灌木丛。这些思考，能使我明确目标，亦能使我坚定信念。

或许，这个梦想很小、很简单，但我只希望能这样，每天用一段时间，去回忆、去思索、去规划、去遐想……

青 色 的 梦

关 静 宜

稳重深沉的暗红色旁，是绵延不尽的青葱翠色。这里是新中，是哺育千名学子的温床，更是呵护无数梦想的摇篮。

新中是青色的，那青色散发着草木汁液的芬芳。走在新中的每一条小道上，都像是漫步在翠色的长廊里，曲折的青色阻挡了烈日骄阳，遮蔽了雨水风霜，更形成了一道道亮丽的风景线。尽管春有玉兰翘枝头，秋有桂花飘满园，新中这块大大的调色盘上，主色调永远都是枝叶繁茂的青翠色。

新中是青色的，那青色散发着阳光和青春的味道。当我们最珍贵的年华像锦缎似地拼凑成新中这面旗帜的时候，就能嗅到那皂角粉和着汗水，泥土混着青草的味道，就能摸到我们的欢笑与泪水化成的秀丽纹样。新中好比年少时最爱的棉质衬衣，沾染了最初所有的悸动与天真。

新中是青色的，我们是青涩的。年少轻狂的我们第一次对未来有了规划，第一次对明天有了憧憬，这些时光都永远地留在新中的记忆里。当我们坐在船体似的教学楼里，徜徉在知识的海洋中，那些青涩的梦想便成了我们想要寻求的彼岸。书籍是最详细的地图，刻苦是最省力的桨，而我们，是最年轻的船长！可曾记得拥有第一个梦想时，肌肤之下血液沸腾的声音？可曾记得征途上第一次跌倒时，滑过脸颊不甘而冰冷的泪水？可曾记得获得第一小步成功时，面庞上无法自制的欣喜？我们的梦那样青涩，那样稚嫩，却在新中这片田地上，享受阳光末梢的温暖和微风细雨的滋润，一点一点地生根发芽。

梦想是青春的主杆，青春是梦想的落花。青春是无法挽回的美丽，但化作春泥更护花。即使岁月在我们的面庞上留下痕迹，梦想却在时间的滋养下愈加繁茂。阳光下的我们是离不开梦想的，那种蚀骨的渴望就像江南惊蛰时疯长如头发的草木，无法阻挡，亦不可耐。七堇年说："要有最朴素的生活，与最遥远的梦想，即使明日天寒地冻，路远马亡。"我们像走在冰天雪地里的旅人，几近弹尽粮绝，却总能望见那远在天边的青芒。即使那样的渺小微弱，好似海市蜃楼，也让我们看到一个完整的春天。那小小的青芒，便成了我们止不尽思念的乐土，挣不断向往的桃源。

纪德有言："我为美好的事物消耗着自己的感情，它们的光辉来自我不断地燃烧，但这是一种美妙的消耗。"我们将炽烈的情感比作火，点燃了青春。三年时光，将尽是我们奋斗的脚印。在这所四季常青的校园里，在这屹立多年如常青松的校园里，我们用青春铸就梦想，这些青涩的梦想，终会将我们亲爱的新中，晕染成一座名副其实的青之城！

眺望，是一种青春的姿态

卞玲莉

那时我们还年轻。穿过残垣断壁和苍松古柏，我们来到山崖上。沐浴着夕阳，心静如水，我们向云雾飘荡的远方眺望。其实什么也看不到，生活的悲欢离合远在地平线以外，而眺望是一种青春的姿态。

——北岛

想到席慕蓉《送别》的诗中所言："不是所有的梦都来得及实现，不是所有的话都来得及告诉你。"

时光易逝，再回首，梦想已老。这可能是大多数人的结局。

我们总是在幼时立下大志，满怀憧憬与渴望。犹记得小时候自己被问及梦想是什么的时候，自己还很雄心壮志地回答是科学家，虽然那时候连科学家是做什么的也不清楚，只知道这是项很伟大的工作。也听过身边朋友的梦想，有说想做奥特曼的，有说想赚很多很多钱的，也有的只希望每天吃饱喝足。这些梦想，虽然现在听起来十分幼稚，但却是小时候的我们真心所希望的。只是曾经的这些，随着时间，随着世间种种，终都烟消云散。

后来再长大了些，对这个世界有了认识，也有了属于自己的梦想。只是……

有可能是因为在意别人的眼光吧。当说出梦想之时，总会有人觉得你不切实际、天方夜谭，与此同时，就产生了想要放弃的念头。然后，我们就因为这种种的否定与质疑，而慢慢放下了梦想。

有可能是因为走得太快吧。现在的世界，压力越来越大，不公的事情越来越多，生活的节奏越来越快。当我们终于长大，面对这世界的残酷之时，我们开始着急，开始不可避免地焦虑，急着想要踏上未来，害怕被别人落下。然后，我们因为走得太快，而失去了梦想的方向。等有一天回过头来，根本连自己真的想要什么都忘记了。

我十分喜欢马良的《坦白书》中的一段话："我所有的自负皆来自我的自卑，所有的英雄气概都来自我的软弱。所有的振振有词是因为心里满是怀疑，深情是因为痛恨自己的无情。这世界没有一件事情是虚空而生的，站在光里，背后就会有阴影，这深夜里一片静默，是因为你还没有听见声音。"我想，这就是我们这个年纪所特有的，一种外表与内心截然相反的对比。

正处于人生十字路口的我们，不免会感到迷茫与无措。不知道下一步该怎么做，却又不愿听命于父母的安排，于是得过且过，最终忘了自己的踌躇满志。我不想这样，我想许多人都不想这样。我一直觉得梦想是一种很虚无的东西，如果以功利的眼光来说，只有成功后，梦想才有被谈及的价值。真正的梦想是什么呢？我总是在心底问自己，并不只是达成后物质上的享受而已，我想，真正的梦想应该是一种让我感到坚持就是幸福的东西，一种来自精神上的满足。

或许，现在的我们仍旧是在埋头做着题目，以后的我们也会为了赶着上班要挤公交、挤地铁，但只要心中仍怀着那一份希望，仍有那份关于梦想的执著，等到走完那段路，回头看的时候就会觉得两边的风景已跟来时不同。那些觉得过不去的坎，终究还是过去了，那些伤总会慢慢地愈合，总有一天这些都会过去。

迷茫是因为年轻，勇敢也是因为年轻，那么年轻的我们为何不趁着这大好时光好好拼一把呢，为何不去眺望属于我们的未来呢。

我曾经看到一句话："为了自己的未来而努力好过为了别人想要你变成的模样而努力。"后悔的痛和跌倒的痛哪个更难以忍受，我们都明白，却很少有人能真正做到。前方从没有明确的方向，生活也不会一路绿灯把前方的路照个通亮。我们只能不停地向前走，走在梦想的路上。

那些应该告诉自己的事

董文怡

伴随着夏日里最后一声蝉鸣终止，夏天也渐渐淡出我的视线，迎接我的是一个意味深长的秋季。对于一个升高三的学生来说，接下去的这一年都意义非凡。

高三给人们的印象就是辛苦与压力，听大人们说起高三的时候，总是有做不完的练习和考不完的试。虽然我不知道之后的一年到底会是怎样的，但是我认为有些话我必须现在就告诉自己，或者是告诉每一个高三的学子。从小学到初中再到高三，这一路走来的辛苦只有自己知道，所以任何事都不应该成为阻挡自己前进的借口。经历了十一年的长途跋涉让自己走到这里，我们应该知道自己的目标是什么，自己应该做些什么。

奋　斗

奋斗是高三的关键词，但是我们必须得知道何为奋斗，而又为何奋斗。树立一个目标是实践"奋斗"的第一步，目标就是理想的舵、梦想的帆，它是鞭策自己为之努力和付出的全部动力。从实际的角度出发，修身治国平天下，其实和现在的我们还有很大的距离，毕竟只有少数人能够达到那样超凡的境界。所以，目标并不一定要很伟大，只要适合自己就是最好的，简简单单考个好大学就是一个很棒的目标！不要质疑奋斗的意义，在自己变得更优秀之前没有资格吐槽试卷人生，也不要用怀疑现在所学的知识能不能用到将来的生活这样的借口来偷懒。将来怎么样，谁知道？我不否认，有人说现在努力将来并不一定就有好的发展。但是努力地过好现在，是可以为自己不确定的未来做的唯一一件确定的事情。如果不奋斗，拿什么去追求自己想要的人生？

努　力

努力绝对不能是一时兴起而拿来矫情饰志的座右铭，而是自己应该恪守的不二准则。一分钟可以做多少事？一分钟可以阅读一篇五六百字的美文，可以做 20 个仰卧起坐，可以巩固 10 个单词……所以，不要浪费自己的那一分钟。以上的任何一件事，如果能坚持做一年，绝对有可能改变人生。少看一分钟人人网和微博并不会让自己完全落后于潮流，但是多一分钟学习可能会让自己离理想的大学更进一步。不要抱怨也不必羡慕那些学习轻松而又优秀的人才。我只能说人和人是不同的，很多时候我们付出努力却得不到最好的，也许是次好，也许是次次好，都应该坦然接受。有时候生活需要适当地妥协，和自己过不去，其实是一种痴愚。

收　获

不管前面的路多么难都不要放弃！用前一段时间很流行的一句话来说就是："觉得累就对了，只有死人才会觉得很轻松。"事实上，只要我们活着一天，就必须要时时做好准备面对各种挫折和失败。那些我们曾经喊着闹着过不去的日子不都过来了吗？这个世界上并不只有你一个人遭受到打击，很多人和自己一样正在经历命运的考验。成绩始终是最值得关心的话题，如果始终没有达到自己预期的目标也没有关系，上天不会亏待懂得付出的孩子的。经历过那么多次的考试与失败之后，我越发明白：付出并不一定会有收获，但是不付出就一定不会有收获。那些自己所付出过的努力在无形中累积、沉淀，终将为自己踏出一条路。

或许最后的这一年，获得最多的应该是成长，我们会变得成熟、坚韧、淡定。

无论如何，都要相信自己，不抛弃，不放弃！

我 的 心 情

胡　悦

　　听着耳边 Birdy 的那首振奋人心的《Wings》，忽然间心底就升腾出了许多感慨。两年的时间，对于我这样一个十七岁的女生来说不长也不短，但它却显得极为特别和重要。从稚嫩蜕变为落落大方，这当中发生了许多事。如今面临着的，是人生中最重要的高三学年，我想我的心情是蓝色的，等待的蓝色。

　　还记得六月末的一天，我在车站遇到了一个刚刚毕业的高三学姐。作为一个新高三学子想取取经，学姐先是很轻松地安慰我说："不要紧张，放轻松就好。"然后突然面色凝重，严肃地说："反正肯定会痛不欲生，多想也没什么用处。"是啊，高三的确是非常艰苦的一年，但你必须去经历了才会有彩虹般的未来等待着你。

　　廖一梅说过："如果你一路闪躲，一直生活在舒适、愉悦、顺利的环境里，你会变得肤浅。人类就是以痛苦的方式成长的，生命中能帮助你成长的，大都是痛苦的事情。我珍视生命中的这些痛苦。"所以我们更应珍视高三，让它充实我们，提升我们，更重要的是让它帮助我们寻找到人生的意义。

　　或许一年之后，考试成绩会像我们所期望的那样不再那么重要，但人生的考验才刚刚开始，我们顾虑的东西将会更多，我们所要面临的选择也将更多。我想，到那个时候，我们都会想回到现在，回到这个只用担心学习其他什么都可以不管的时期。也正因如此，将现在的每一天都活得努力、活得精彩才是对日后的我们最好的保证。

　　我们的每一天都是不可重复的，人生的精彩之处在于我们无法回到过去，也无法穿越到未来，每一分每一秒都有它独一无二的价值与意义。所以，把握现在，活在当下是人生最美的赞歌。

孤 独 与 守 望

倪征阳

在暑假选择阅读书目的时候，我毫不犹豫地举起眼前的了马尔克斯的这本略显厚重的书。一是因为这本巨作实在太过著名。二是因为这也符合我，一个准高三生所需要培养的当下的心情。

《百年孤独》对于我们来说，剩下一年。

其实有很多人与你一起走过这漫漫一年，可说到底，这是你必须独自一人闯过的一关。即使有再多人的祝福与鼓励，最终踏上考场的只是你，决定自己命运的只是你。

孤独不等于孤僻。倘若你习惯于一个人，而不习惯与众人相处。那便是孤僻；而孤独，则是与众人醉生梦死，把酒言欢后，你回到自己的世界仍能保有一份清醒。

在这一年里，你时时刻刻都需要那一份清醒。

我曾听许多人谈论过高三，眼里都透露出恐惧，可慢慢地却又流露出一丝留恋，仿佛那是他们爱的时刻。我百般不解，为何对于那份恐惧，有深深的想念。直到我自己要成为高三生，我才能朦朦胧胧地了解到，大概是因为，那是我们青春里，最青春的时刻。

高三，是一个矛盾综合体，辛苦却又快乐；逃离却又不舍；痛苦却又想念。而我个人是另一个矛盾综合体，当两个矛盾综合体相互碰撞，是火星四射？是和平共处？抑或是一方的屈服？我尚且还没有答案。或许等到一年后，我回望这条荆棘遍布的路时，我方能给出答案。

而此时此刻，我所能做的，便是孤独地等待。

我眼前是一条漫漫黑路，一眼无法望到头。一开始，有很多人陪着我走：老师、同学……可后来，出现了许多岔路，道不同不相为谋，我们渐渐走散了。而我眼前的这条路，走的人越来越少，最终，只剩下了我自己。

　　这不是天方夜谭，而是每个人必须经历的一个过程。高三是一次洗礼，没有经历过高三，就是失去了一个历练的机会。而每个经历了高三的人，总会收获些什么。超脱于学习之外，你的人生观、价值观会逐渐稳定下来，为你未来的日子，夯实地基。

　　而所谓的这一切的基础，是你将孤独坚持到最后。

　　可能你有爱你的家人、同学、老师陪你走到了这路口。走过这条路之后，未来的路也一片坦荡。可是人要首先学会爱自己，才能学会爱别人。同样的，这份苦难也不应让别人为你承担。假如连这份苦难你都退缩，那未来的日子，你也一定会抱怨到底。

　　现在，我愿破釜沉舟，了却所有退路，眼前只剩下华山一条路。我要去拼、去争、去跑，给那些在时间中孤独的事留下美好的琥珀。

你永远不知道你学的什么时候能够派上用处

孙天骄

2011 年从新中毕业后，我走入了上海外国语大学的大门，随身带着的，还有放在钱包里的新中校徽。每天早上在食堂里想拿校园卡买两个包子的时候都有意无意地把它在别人面前晃悠一下。

"哇，这是什么？校徽？"果然有人问了。

"对，我是新中的。"我故意轻描淡写道，"我还是学生会的主席。"

然后小心翼翼合上我的钱包，把冒着热气的包子放进嘴巴里，等待着下一次用校园卡的机会。

我的两个室友，一个历史男，一个物理男。但在我眼里两个人都更像是凭借他们的 DOTA 成绩和我考到一个专业的一样。

"我不想去上明天的思修了。"

"你怎么可以不去上思——修？"我恨不得把这门课的全称——《思想道德修养与法律基础》都说出来，"这是多么重要的一门课啊！"我完全在用辅导员的语气质疑他们的选择。

"你去的话，帮我点个名。"说完，他们又开始"刀光血影"起来。

公共课考试的时候，就成了我最风光的时候了。在考试前一晚我两个室友刚刚打开崭新的书准备挑灯预习的时候，我已经爬上床了。

"你就不看了？你不怕挂了？"他们诧异道。

"都在这里"我拍拍我的胸口，然后倒头就睡。

2012 年，我大二，连我自己高考各科的分数都已经记不太清了，更别说以前记得滚瓜烂熟的政治书上面到底写了些什么。我早就换了钱包，早上也懒得去食堂买包子吃了，也很少会再和别人聊以前的事情了。某一天感伤情感迸发，才会打开这个话题。

"你以前的高中叫什么？金中？"

"新中。"我把眼睛从手机屏幕上拿开,"在闸北。"

"哦,那全称叫什么?"

"新中,新中就是全称。"我继续切水果。

我就这样浑浑噩噩的,让我在高中到达过顶峰的智商一路下滑。除了毛概、宏经靠着以前的老本拿了还算过得去的绩点之外,别的一切就像是其他的大学男生一样,不温不火。

直到前两天,六年前从我们专业毕业的学长回来给我们做经验分享。而他已经在外交部摸爬滚打六年,这个夏天还刚刚做了国家领导人访问希腊的随从翻译,我就像是一个被勾去魂魄的少女一样听他讲故事,听他讲在外交场合如何随机应变进行翻译工作的故事,为两国的沟通搭起了桥梁。

我突然醍醐灌顶。

真人真事,略施夸张,绝无虚假。

为学生者,学识于腹,融会贯通。

学长不才,唯愿母校,桃李满园。

友谊协奏

　　"在一些场景中，忘记你是谁比你是谁更重要。在这个班级里，每个人都扮演着自己的角色，但是没有人真正记得自己要扮演谁，张扬着个性的他们让我懂得了珍惜，珍惜最美好的时光与最美好的人。

　　在满园绿色盎然中、在亿万人中与你们相遇，适我愿兮。"

一路绿意成荫

陈 则

我是和几个初中好友一起进入高中的，又很幸运被分在了一个班里。熟识的我们在拘谨的气氛下显得格外突兀。我们忘记了我们在一个全新的集体中。

最初，身为班长的我，并没有得到期待的团结，这让我十分苦恼。渐渐地，我意识到，是自己做得不够好，所以我不断努力，不只是学习，还有学校的工作上，做个称职的班长。

后来我发现，他们每个人都有无限的潜力。前一刻，你还听见他们说自己不擅长，皱着眉头不自信地摆着手；后一秒，你就看见他们在舞台上发光发热，他们在为运动会的项目拼命、流汗，他们的双手被粗糙的绳子磨得发红，甚至皮破血流，却还在说"没事，我还可以"，他们在失败后留下泪水，发誓明年再来，转身后又是坚强的欢声笑语。我们以别人想不到的、追不上的速度在成长着，在挖掘自己的潜能，在文艺和体育的舞台上获得嘉奖。

我的同学即使不用言语表达，他们也用实际行动告诉我——他们在我身边。进入学生会以来做的第一件事就是撕海报，让我耽误了晚饭，朋友们却细心地帮我准备了晚饭，他们眼中的关怀让我心暖。身边的朋友也不止是原来相识的那几个，而是更多的新鲜血液输入了我的体内。

他们让我知道，我在适当的时候是班长，在适当的时候是普通同学。一起欢呼大笑，一起逗乐。在严肃的时候，给同学们起个绰号，让全班轻松。起先沉闷的教室，也因为有我们的存在而"蓬荜生辉"，充斥着昂扬的绿色与活力。我也真正了解到，无论是你心情低落时、百般无聊时，还是压力如座山似地压在你身上，让你喘不过气时，这个集体、这个班级都会给你欢声笑语，让你不自觉地弯起嘴角。

在一些场景中，忘记你是谁比你是谁更重要。在这个班级里，每个人都扮演着自己的角色，但是没有人真正记得自己要扮演谁，张扬着个性的他们让我懂得了珍惜，珍惜最美好的时光与最美好的人。

在满园绿色盎然中、在亿万人中与你们相遇，适我愿兮。

友谊促我成长

江文轩

2012 年 9 月 1 日，作为高中生的我第一次踏入了这个美丽的校园，正式开始了丰富多彩而又充实劳累的高中生活。

一年来，虽然学业越来越繁重，却也过得十分快乐，因为结识了一群非常友好的同学。我觉得我是一个十分幸运的人，因为从小到大所在的班级都是一个十分团结的集体。这次的班集体更是让我一进校就感觉"学霸"的气息迎面而来。暑假的夏令营开始，或许是因为互相不熟悉，下了课回头望去，只见后排向我展现的全是乌黑的头发——全在低头写作业！这让本来就怕生内向的我更无法鼓起勇气主动与同学交流了，对这个班级的第一印象成了：哇，"学霸"班！人际关系看来有点难建立，我在这里一定要努力学习，不然一定会跟不上。

然而实际情况并没有我想象得那么糟。正式开学后，因为相处的时间更长，同学们开始有了更多的交流。不断有同学友好地与我打招呼、探讨题目等，渐渐地，我的忧虑感开始不断降低。随着我更敢于主动找同学说话，我发现同学们并没有我之前所认为的那么"不近人情"，虽然初中时那样男生间幼稚的课间打打闹闹、"砍砍杀杀"已不再见到，女生们团在一起说悄悄话的情景也没有那么常见，但我的的确确能感受到，这个集体中的每一个同学，都是非常亲切可爱、活泼开朗的。戴眼镜的看上去严肃的同学并不木讷，而是认真刻苦；少言少语的同学也并不是"高贵冷艳"，而只是像我一样羞于开口……总之，一切印象，都开始向好的方向转变了。

除了与同学间情感上相处得很融洽之外，不得不说我还从他们每个人身上学到了很多，从而使自己改变了很多。刚进入高中时，我无法避免地将初中的某些陋习带了进来。例如，我对于作业的订正一向不是很认真，但自从看到后座同学认真有序、字迹整洁的订正作业后，我突然觉得无地自容，更让我惭愧的是，后座同学是一位男生。于是，我偷偷向他学习，慢慢养成了良好的订正作业的习惯，让学习变得更有效率。再有，我写作业的速度总是很慢而且拖拖拉拉，就算作业少也最起码十一点才能写完。为了提高自己的效率，保障充足的睡眠时间，我请教了班中作业做得较快的同学是如何安排从回到家到写完作业的那一段时间的，然后"依葫芦画瓢"地运用到自己的作息时间上，加以小小的改动，获得了最适合自己的一套作息表。

　　时间真的过得很快，高二的寒假就要分班了，有一些同学说不定就不能再在同一个教室中学习，不能再听同一个老师讲课，不能再因同一件好玩的事默契地偷着乐，不能再为同一个集体的荣誉奋斗，但我相信，我们这个集体中的每一个人，都会记得我们这段美好的时光。

　　即使人暂时分开，我们的心，也永远都连在一起。

宝贵的存在

曾佳妮

到这个热得找不出形容词的暑假为止，我来到新中已经整整一年了。一年的时间，让我谈对学校的感情，恐怕没有高三的学长学姐来得浓烈，但是聊一聊一年里朝夕相处的同学，我的小伙伴们，我还是深有体会的。

初次见面是在中考结束的暑假，由于意外提前的课程安排，你们就这么突然地闯入了我的认知。足足三次自我介绍：第一次是在黑板上写名字，我记得我看着一个小姑娘的名字纠结了很久，想着到底怎么念；第二次是英语课，平生第一次碰上有人用动词和昆虫作英文名，你们稀奇古怪的兴趣爱好让我印象深刻；第三次是每一节的语文课，你们在课前的几分钟里分享自己的笔名、座右铭，这一刻起，我想我才真正开始了解你们。尽管三次自我介绍够精彩，可遗憾的是，我这个迟钝的脑袋愣是没记住几个人。时常是记得一个名字但对不上脸，认得脸却又想不起名字。直到后来开学近一个月，我才终于把所有名字和脸对上了号。

似乎所谓的生疏和隔阂还来不及开始，军训就带着烈日和汗水的气息席卷而来。从一开始大批人的倒下，到最后能一起为了班级荣誉而坚持、努力，我看到你们的执著和勇敢。军训期间的一期黑板报是残酷训练中一段难得生动的插曲。我记得那期我们定的大标题叫"痛并快乐着"，六七个人放学后留在教室里，板报画了一大半的时候不知怎么就有人开始唱歌，欢乐的情绪突然爆发，于是一个接一个地唱开了，从 Beatles 到 Taylor Swift，从苏打绿到黄梅戏，我听得止不住地笑。但不得不承认，这一瞬间你们让我惊艳。

如果现在要让我在你们身上贴上标签，我想我一定会写上"耀眼"两个大字。是的，你们很耀眼。运动会的入场仪式准备，几个姑娘带着一群甚至有点搞不清状况的人练动作，你们找伴奏、定衣服和道具，向各种老师讨要时间，一遍一遍排练、调整，硬生生把我这个肢体极度不协调的人也给矫正了。在三楼的天台上，你们几次留到天黑，在伸手勉强见五指、又冷又饿的背景下诞生了那个"我家的红烧肉想我了"的典故，至今不衰。

再来说说游园会。门口有人弹琵琶有人弹吉他，教室里有人唱歌，还有两个男生在做酒酿圆子，作为私自吃了很多碗的当事人我实在要夸一句：少年，你们真的是心灵手巧！

还有不能不说的学生节。你们的课本剧《圣女贞德》真的很感人，平时一贯嘻嘻哈哈的人竟然也能在舞台上那么安静、沉稳。班长说："可能我们95%的概率获三等奖，但我们还是要做出100%获一等奖的表演。"除了故事本身，你们的付出和认真就足够感人。

不止这些，你们的学习、成绩、能力……能想起来的光荣事迹太多太多，你们就像一片星辰，总是无畏地闪耀。

随着时间的递增，我能真切地感受到你们之间的凝聚力。东方绿舟的军训是一个很典型的例子。最辛苦的密码追踪环节，你们每个人的脸晒得通红，汗如泉涌，甚至有人是被背回来的。但是没有一个人掉队，没有一个人抱怨。听到结果是第一名的成绩，你们欢呼和鼓掌。从头到尾，你们都有微笑。无论是体育委员喊到破音，还是寝室长对分数的据理力争，你们都在用行动真实地表现对集体的热爱和维护。

时间带来的还有默契，中午的语文、英语默写前，课代表在门口观望的身影，不时地汇报。听到"某老师已经上楼梯"时拿起书猛背，还有英语课上老师犀利吐槽时底下的会心一笑，挨批表扬同甘共苦……一切的一切都让人有强烈的归属感。

你们很可爱，有很多种性格我从没遇到过。比如坐在我右前方的那位。变得熟络的契机是在一节班会课上，规则复杂的游戏有点冷场，然后我就看见她在看书。瞄了一眼封面，《苏东坡传》，心想这一定是一个很文静的小姑娘。于是我开口："你也喜欢苏东坡？"她说对啊，然后我们顺其自然地就开始聊，聊着聊着就扯远了，到班会结束我已经记不起来是怎么从苏东坡聊到了薛涛。同时，我在心底默默地收回对她关于文静的评价。我喜欢叫她三清，这个名字完全可以按照道教用语来理解。毕竟，你见过在喧闹的运动会上撑着把伞看文言文小说的人么？你遇到过理化全能，还擅长唐诗宋词的女生么？你看过因为弄丢了手机很伤心，于是写了首词说道"往事君莫留！"抒发感情安慰自己的人么？反正我是第一次遇到，实在太可爱。

看到过一段话是这么说的："走到生命的哪一个阶段，都该喜欢那一段时光，完成那一阶段该完成的责任，顺生而行，不沉迷过去，不狂热地期待着未来。"我便想，我在这个年纪，在新中，遇到你们，也许时间刚刚好。少了一点幼稚，磨掉了一点棱角，珍惜并享受和你们在一起的点滴。我很高兴，也很荣幸，我也是你们中的一个，你们，也是我们。尽管过了十年、二十年后，你们可能只存在高中生活的记忆里，就这么匆匆而过再无交集，可能我那时候听到你们中某个人的名字又会像最初认识你们那样分不清谁是谁，但是我一定不会忘记我们共同见证的青春岁月。

据说有些人会在他们幸福生活过的每一处地方埋一件宝贵的东西，等到自己变得又老又丑和不幸的时候，就可以回去把它挖出来，回忆往事。你们于我，就是这种宝贵的存在。

七 彩 校 园

袁 婧

一年前的我们，怀揣着自己的目标努力拼搏，想将自己发挥到最好。于是，这样的努力终于开花结果。可以说是命运，也可以说是缘分，我们最终一起在这所美丽的校园里邂逅，建立了又一个全新的家族。

来到这所校园，内心觉得熟悉又陌生。我曾到这所陌生的学校参加体育的中考，那时的我本以为不会再进入这所学校。但在四个月后，经过紧张的中考，收到了来自这所学校的录取通知书。

再次踏进这片美丽的校园时，一切仿佛都改变了，变得和以前大有不同。改变的并不是眼前的这番风景，而是那置身于这片环境中的感觉。依旧是那样的红房子，搭配着鲜嫩的绿色，恰到好处。原先的陌生好像渐渐添了一丝熟悉，这个即将陪伴我三年的高中，一切都变得那么真实。在那一瞬间，仿佛涌出了一股股奋进的浪花拍打着我，将我推向这个校园，开始崭新的高中生活！

最先熟悉起来的是自己身边的同学。第一次和新同学打交道，感觉有点拘束。随着日子一天天地过去，我们的感情日渐加深，每一位同学都在为班级、为我们的目标而努力着。

学校是寄宿制学校，对寄宿生活非常好奇的我在刚开学的第一个学期选择了住宿。住宿生活是同学感情的催化剂，我们每天在一起学习、一起生活、一起聊天、一起欢笑，我们会比其他人更快地熟悉起来，了解互相的特点和各自不同的喜好。

晚自习结束后，我们再一次奔回我们的小窝，开始对这一天的各种诉说，那时的我们哪怕作业再多，也依旧啃着手中的水果与小伙伴们喋喋不休。有时我们不管宿管阿姨已经开始查房，仍是待在别的寝室里畅聊，直到查到这一间，才依依不舍地回自己的宿舍，亮起台灯，险些又被扣分。我们经常被训斥，但我们还是很快乐。

无论是在宿舍的时光，还是在教室的时光，又即便是从高一第二学期退了宿到现在，一切都是美好的。就算寄宿生活没有了，但并不代表同学间的情谊就此消散了。我们从开始一起携手走到了现在，回想起每一个点滴，都是记忆中最美的标志。尽管将来我们要分班，但最初的那个集体将永远被我们每一位同学铭记，那是我们团结的起点，无论人员怎样变，目标不会改变，最后我们一定还会笑着一起毕业，离开这所美丽的校园。

我的同学们像一抹绿色，清新淡雅，每时每刻都在抚慰着对方的心灵。这三年里，我们可以一起哭、一起笑、一起经历很多很多……正是因为这份同学间的友情，我们变得更加快乐、更加坚强。一年前的我们，对彼此无知，然后到了相知、相识，现在便成了相熟，我们每一天都在体验着生活中的乐趣。

我真的很爱我的同学们，他们是那样清雅爽朗，可爱可亲。当然，我也很爱这座校园，校园各处都弥漫着各式的颜色，而这些颜色便汇聚成我们的七彩校园。

感谢校园，给了我挚爱的同学，又给了我七彩的万丈光芒！

多 彩 校 园

张　辉

生活的海洋中，处处有快乐的浪花。这句话一点儿没错，校园同样也是多彩的。我们都知道鲁迅先生有他的"三味书屋"，然而，许多同学却说学校也是三味的，只有"酸苦辣"，没有"甜"。而在我看来，学校却也带给我许多快乐。

每天，我们有大半的时间都在学校，接触最多的就是同学了，也许刚开始时大家还互相不熟悉，一个个腼腆又安静，渐渐地，大家才露出了"本来面貌"，一到下课或者放学，三五成群地聚在一起有说有笑，甚至还把话题延续至课堂。久而久之，同学们就仿佛成了一个大家庭，每个同学都是其中必不可少、至关重要的一员。当然日常生活中也少不了酸甜苦辣。

记得我们刚进学校刚刚一个月，学校举办了运动会，其中一个团体项目——拔河。当体育委员在教室里公布这个项目并开始选人时，大家纷纷举手，都希望为班级尽一份力。大家凭借着团结一路过关斩将，有惊无险地进入了决赛。决赛对手是二班，实力强劲，有好几个"大块头"，当我们班看到对方阵容时有些底气不足。这时，一旁的小A忽然站了出来，手里卷了份报纸当指挥棒，一边挥舞着，一边大喊七班必胜！不知为何他那小小的身躯竟然有如此大的感染力。全班的斗志都被他点燃，队员们更加攥紧了手中的绳子。当裁判一声令下，比赛开始！双方队员一个劲地往后倾斜，想要把对方拉过来。"一二三！一二三！……"大家一边拉一边喊出口号。第一盘我们班输了，但是我们班并没有气馁，反而越战越勇，在第二盘强势扳回一局。第三盘决胜盘，由于前两盘的原因，大家已经消耗了很多的体力，所以第三局，比的就是对胜利的渴望和决心！刚开始，二班猛然发力，我们措手不及，胜利的天平开始倾向于二班，大家马上调整状态，集体发力，颓势一点一点被挽回，"加油，加油！"这时，其他班级的同学也加入了加油队伍中，有些人帮我们班加油，有些帮二班加油。最后，我们赢了，当裁判宣布我们赢的时候，男生们不由自主地抱在了一起，女生们欢呼雀跃，庆祝这来之不易的胜利。那时，我们的心更加近了。

我们的班级积极向上，当然平时也是不乏欢声笑语。

一次数学课上，数学老师正在激情地讲解题目，突然看到三牛在开小差，于是就叫起了他。数学老师："牛儿，这题是要分类讨论，请问要讨论几种情况啊？"三牛站起后皱紧眉头认真地考虑了一下，说："要讨论一种情况……"当时全班寂静了两秒随后便爆发出哄堂大笑，连老师也忍不住笑了起来，当然我们这笑声并不是恶意的嘲笑，而是善意的笑，同时，他的好哥们一边大笑，一边缓口气给他报答案。

当然我们也曾经历苦涩，记得有一次，全班都考砸了，班主任在讲台上严厉地批评我们，我们一个个垂头丧气，仿佛打了败仗，但一个个都暗暗发誓绝不能拖班级后退，第二次考试，我们夺回了荣耀。

虽然和这班同学相处只有一年，但是毫无疑问，我们身上已经有了七班的烙印！

我 的 同 学

吴圣洁

2013 年的夏天注定是个勇破纪录的盛夏，高温创历史之最，人人都自动进入烤肉模式。在如此酷热难耐之际，一个绿得滚圆的西瓜，一杯青绿的苦瓜汁，一根冰凉的"绿色心情"，一碗清凉解暑的绿豆汤能带给你满心的惬意。

我的同学就如同那一抹抹清凉又惬意的绿，足以可以抵抗 2013 年的酷夏。他们绿得自在，绿得不张扬，绿得透心凉，绿得舒心惬意。

我始终坚信，同学与同学之间的情谊不总是一蹴而就的，如同那兰陵美酒，需要经过长年累月的酝酿，悉心地发酵，才能拥有久而不逝、馥郁幽香的气味。

接下来就是属于我的同学的故事。

我的同学爱起外号，"学霸、学神……"不绝于耳。不是源于某种嘲笑，而是一种真正了解之后的一个诠释；我的同学爱开玩笑，"呦呦，这不是……哈哈……"。不存在任何的恶意，而是一种自我牺牲，娱乐大众的大无畏精神；我的同学彼此团结，"一二一二……"不论是在拔河比赛中，还是在各类大大小小的团队活动中，我们是最团结的。

我们如同苍茫天际间的幽幽青草，即使相生相背，却始终相偎。我们是融血的残阳下的飞鸟，共赴黎明的彼岸。就算有离别，也是笑着的，是坚强，有不舍，但更多的是对彼此未来的期许和希望。

同学，不仅是共同学习的人，在小学、初中、高中甚至是大学，他们始终一直在与你分享专属于青春的喜怒哀乐，静静陪在你身边。可能他们换了一批又一批，变的只是形形色色的人，不变的是情谊。

正如《小时代》里所说的："我们活在浩瀚的宇宙里，满天飘洒的宇宙尘埃和星河光辰，我们是比这些还要渺小的存在。你并不知道生活在什么时候就突然改变方向，陷入墨水一样浓稠的黑暗里去。你被失望拖进深渊，你被疾病拉进坟墓，你被挫折践踏得体无完肤，你被嘲笑、被讽刺、被讨厌、被怨恨、被放弃……"

或许我们每个人都只是一个存在在浩瀚无垠宇宙中的渺小星辰，但是，在渺小星辰的身边，还有更多的渺小存在。在你被失望拖进深渊的时候，在你被疾病拉进坟墓的时候，在你被践踏得体无完肤的时候……一群叫作同学的渺小的星辰会竭力靠近你，把你从失望的深渊、疾病的坟墓中拯救出来，同你共同汇聚成一颗璀璨的星辰。

一粒沙子的渺小注定了它会随风而逝，成千上万的沙粒构成了美丽的金黄沙滩；一滴水的孤独注定了它会被太阳蒸干，千千万万的水滴汇聚成了无垠广阔的大海；一棵树木的存在注定了它无法抵挡风雨，数以万计的树木站成了密集的茂盛森林……

致 同 学

丁彦桢

亲爱的同学们：

你们好。

如果说校园是一道彩虹，你们便是那一条绿色，象征着活力、青春、和谐。

高三的岁月即将到来，应考的压力或许无法使我们有时间去好好珍惜剩下的最后一年相处的时光，但是可以保留的东西如果能够流传到未来，那将是一次美好的回忆与珍藏。这里，我将保留下我的心声，致陪伴我成长的你们——我的同学们。

谁也说不清为什么莫名其妙会和一帮一开始互相不认识的人在一小段时间里就互相熟悉，也不知为什么会在相处几年后就觉得依依不舍。细细回忆，一些事，或许还可以被回想起来，并出现一个个曾经熟识的影子。

最早的记忆是一开始为期一个礼拜的军训，依稀记得当时有几个被教官拉出来跑步和深蹲的"倒霉蛋"，也依稀记得最后一天的庆祝典礼。还有正式入学后的第一次运动会、第一次学生节、第一次服装设计大赛。当然还有，东方绿舟的军训和学农一共九天七夜的日子，一起种地、一起烧饭、一起玩枕头大战，还有半夜恼人的打鼾声……

每次想到这些，我都感到欣慰，但也感到悲伤，因为我知道，每一件我所回忆的事情里都有你们，都有和你们相处的快乐，都有那些在电脑里一张张定格着你们笑容的照片。可是我当时总是觉得过去就过去了，之后才开始后悔：为什么当时不多珍惜一些和你们相处的时光。或许人是永远无法满足的，你珍惜的东西越多，你便会觉得有更多的东西需要你去珍惜，然后便开始为那些没来得及珍惜的东西而后悔。为什么不好好对待一下你已经珍惜下来的东西呢？我们已经面对过小升初、初升高，我们深知离别的滋味。学识越来越丰富的我们，难道会一次又一次地去忽视身边的朋友和快乐的事吗？

　　我不写日记，但是我羡慕那些写日记的人，写日记算是现在最能保留住每一份值得珍惜的事物的方法了。等到长大后再去翻看一下当初的日记，就好像重新回到了学校，身边的朋友又回到了身边，一起上课，一起玩乐。

　　长者说过一句话："读书时代的朋友是最珍贵的，因为当时没有利益关系，他们之间存在着最纯洁的友谊。"而你们便是我最珍贵的朋友，虽然总要面临分别，或许几年后相互之间都会隔海相望，但是这都无关紧要，纯净的东西将永远纯净，珍贵的东西也永远不会消失。

　　现在虽然已经分班，但是一切都不会改变，新的友谊还会到来，一次次珍贵的时光还在随着时钟的嘀嗒声渐渐向我们逼近。就像那些常青树的翠绿，我与你们之间一段段美丽的友谊将有和绿色一样的活力和生命，永远不会枯竭。

　　或许我说到现在，都没有具体说一些关于我们的事，倒像是我在自言自语。但是我吐露的都是我的心声，我或许记不住我们之间每一件点点滴滴的小事，虽然这些小事都可以为我带来快乐，可是对我也不太必要，因为只要想到你们，我都会快乐地笑起来。

　　此致
敬礼

阿丁
2013.8.12

校园记忆之蓝

薛婧怡

蓝色，自古以来被人冠以"忧郁"的象征，可是在我心中，它却是开朗的、广袤的颜色。它是我最爱的颜色。

其实对蓝色的喜爱并不是天生的，小时候的我喜欢粉红色，可渐渐发现不是所有的粉红色都好看，有些粉红颜色稍深就会显得矫揉造作。但每一种蓝色看上去似乎都是那样特别又动人。白蓝、海蓝、蓝绿、水蓝、孔雀蓝、天蓝、宝蓝、藏蓝、钻蓝……我就这样不可自拔地爱上了蓝色。

蓝色是天空的颜色。平时很少能看见海，于是天空就成为我最常见到蓝色的地方。无论何时何地，都喜欢看看天空。

记得当初刚来到新中校园时就被头顶上空那一抹无瑕的湛蓝所深深迷住。阳光洋洋洒洒地点在砖红色的建筑上，满是嫩黄色小花的桂花树传来阵阵醉人的芬芳，湛蓝色的天空抬头就可以看得很清楚。砖红色、嫩黄色、湛蓝色，还有云朵柔柔的白色，是我心目中最爱看的新中校园风景之一，怎么都看不厌。不知为何，新中上方的那一抹蓝，总是那样纯粹，那样透亮，是世界上最纯净的东西。我想，这跟新中的人文景观是分不开的吧。

在这片蓝色天空下，发生了许多故事。

友好的蓝色

平时周末我们重点班来学校上课，整个楼层只有我们一个班，一节课上罢，便会有些许女生迈出教室来到走廊，倚着栏杆，看看校园美景，聊着天。还记得那是一个春天，校园里的白玉兰绽放着白色翅膀，还有一些翅膀则降落在了青青草坪上。那天万里无云，湖蓝的天空鲜艳得像油画，两个好友同我在走廊上晒太阳，她们一人一边帮我梳着辫子，虽然看不到，但顺着她们的手指轻轻滑过我皮肤的纹路，我能感到她们在帮我梳着麻花辫。"梳好了！"我回过头给她们看，她们"扑哧"地笑着，随后互相打闹："笨蛋你梳歪了啦！""歪的是你好不好！""哎呀这样都不对称了，拆了拆了。"橡皮筋一揪，头发散开还带着卷卷，像只泰迪熊。走廊里、蓝天下，回荡着我们欢乐的笑声。

青 春 的 蓝 色

冬天教室里很冷，可外面更冷，下了课大家都情愿窝在教室里蜷成一团闭目养神为下节课做准备。高跟鞋清脆的敲地声越来越近，这么急的脚步声只能是我们班主任。果不其然，她冲进教室"嗷嗷"几嗓子把我们都轰出教室去走廊里透透气、吹吹风、长长精神。

冬天的天空有些泛白，是很淡很淡的蓝色。阳光虽有，却也是冷冷的。我们班人数是全年级最多的。一群人挤在走廊里倚着栏杆就像是停在电线上的一排小麻雀。觉得冷了，女生就互相拥抱着取暖，闻着对方衣服上清爽的肥皂香，心里不由得一阵温暖。而男生这时候就热闹得多，他们老是打来打去，你拍我一下我再拍回去，老像一群长不大的孩子。正是因为大家在一块儿，冬天才会显得不那么冷，这样一抹淡淡的蓝看上去也靓丽许多，活泼许多。我们的青春，就在这片蓝色的守护下，蔓延开来。

包 容 的 蓝 色

曾经有段时间天天喜欢往天台上跑，哪怕是现在，只要有机会也会去那里看一看，因为那里能看到最广袤的蓝色天空。

那里很安静，平时不会有人。夏天，临近政治期末考试时我经常在中午拿着考纲来到天台安安静静地一个人背书。教室不比那里，毕竟有人声，真的喧闹起来还是不能静下心来好好背的，可在那里背书总是能背得很快而且记得又牢。背累了，就抬头看看天空。那是一片蔚蓝，太阳高悬其上，用手指遮着眼睛，看从指缝间泻下的丝丝光线，一切都是那么平和。飞机飞过，留下长长的飞机云在这块画布上潇洒地勾上一笔。时不时也有小麻雀经过，叽叽喳喳地叫几声，看看四周没什么可吃的就往食堂方向飞去了。噢对了，有一次我背书背得正专心，一只小蜜蜂突然"嗡嗡嗡"地在我耳朵周围绕了一圈，吓着我了。那里就是如此，不吵不闹，安安静静，守护着你，不离不弃，包容你的一切。

就算不背书也会来，就算是冬天也会来。

视野最好的就是教学楼三楼往外的大天台,冬天放学后我都会围好自己的围巾,一个人来天台散步。下雪的话就更好了,天色会变得灰蓝灰蓝的,像是高级灰色缎面在阳光下泛着富有光泽的颜色,看上去深沉可靠的样子。一个人沿着天台栏杆慢慢地走,偶尔停下脚步朝下看看,三五好友捧着脸盆从宿舍楼说笑着走出来的,那是正要去洗澡的住宿生。零零散散或几个一块儿背着书包从教学楼出来的,那是放学要回家的同学们。远处运动场上不时传来一阵欢呼声,那是每天坚持和好兄弟们打篮球的男孩子们。在天台上继续走着,空调机箱的声音渐渐变轻,那是二楼办公室的老师们陆陆续续下班了。老师们,你们辛苦了。我这样想着。再走不一会儿就能看到高三的教室,为了高考,就算寒冬他们也还在不懈地努力着,学长们也辛苦了。

不散步的话,我就会坐在平时背书的地方,双手合十,和天空说说心里话。嘿嘿,我想它一定能听到的。说的话经常没有头绪,心里想到什么就说些什么,而且内容也很平常,都是当天遇到的小事,比如"今天谁谁谁肚子痛了一下午,希望她能够快快好起来。""今天我主持班会吸引了好多老师来我们班门口围观,好开心。""今天谁谁谁一直不开心……她怎么了呢……""今天考试只考到了平均分,要更努力才行呢"……总之什么都说。经常会联想起电影《恋空》里的情节,主角指着蓝色的天空说:"这儿是我最喜欢的地方,来这里我就觉得我能变强,我想要变成天空!"的确,这一幕蓝就像是母亲的怀抱,她就是这样的包容,你的所有优点也好,缺点也罢,小心情小脾气也可以,都可以在她面前肆无忌惮地展现出来,让人安心,让人彻底放下所有心防,给予人自然的力量。

"笨蛋,都下雪了还待在外面,你冻僵啦?"好朋友像我"爸妈"一样带我回教室准备回家。我们走后,灰蓝色的天空慢慢变深,鹅毛般的雪花继续飘着……

如果一定要为我在新中的几年生活选一个颜色作为象征,我想我一定会选蓝色,这个颜色承载了我在新中度过的每一天、每一小时、每一分钟的美好又珍贵的回忆,在这片纯净的蓝色之下,我最敬爱的老师在这里,我最喜欢的朋友在这里,我最美丽的青春也在这里。蓝色代表了一切纯真友好、青春活泼和宽广包容。感谢命运让我生活在新中校园里,感谢我的生命里有这抹蓝色的印记,感谢她给我太多太多一辈子都难以忘却的且不会再有的精彩。

写在毕业六年后的一些话

张 舒

即使已经毕业多年，还清楚地记得那些年所遇到的人和经历的事，还记得课桌上堆叠的那些教科书和习题册，身旁那个无话不聊文具随便借的同桌，在校园里游荡不知后来去向的小白，对了，还有食堂小卖部特别热情的带着浓重上海话口音的大叔。太多回忆，以至于要写些什么的时候反而不知从何说起，新中对我来说，意义已经远大于母校，她是回不去的特别珍贵的时光，她是我们好似电影里的青春。

我现在身边最亲密的朋友圈就是那三五个高中同学，即使已经毕业六年多，我们还是能时常见面，有时插科打诨，有时严肃地讨论人生，虽然前者居多，不可否认他们已经从高中同学变成了我一辈子的朋友，我们即将迎来相识的第十年。围坐在一起吃饭时，我们还时常说起高中时的那些趣事，不得不说在新中度过的三年非常充实，所以回忆里取代枯燥读书的是学生会、学农、各种文体活动、社团、艺术课等，这些都是我最引以为傲的部分。她用一种更开放、更丰富的方式指引我们学习，所以每当我和别人谈起高中时都会说，你看我母校就是这么酷！说到底，谁都要经历那些大多数人无法跳过的升学、考试和竞争，但我们是幸运的，我们的回忆里更多的是学农时半夜里偷偷去看的星星，是物理节时大家一起努力放飞的孔明灯，是艺术课上认识的大师，是篮球赛场上最终哨声响起时大家的喜悦和泪水，是和好朋友不论去食堂还是厕所的形影不离，当然悄悄地说还有那些情窦初开的萌动，所有都是美好而又不可复刻的。

那年我们的毕业典礼是在高考分数公布的第二天，我有幸担任了主持，清楚地记得大幕落下灯光熄灭时的最后一句词"新中再见"，我哽咽地根本发不出声，脸上早已满是眼泪。每个人对母校的感受都不同，但都默契地有着不容许别人负面评论的那种爱，因为此刻，母校、那些年的时光、那些年的我们是一体的、无法剥离的。我们在这三年里形成了自己对这个世界最初的认知，也真正开始了解自己，知道我们要成为什么样的人，要怀揣什么样的梦想。现在的我也许才真正明白当时为什么会泪流满面，因为有太多的不舍和感谢，不舍那些单纯没有烦恼的日子，因为踏入社会后你才会知道繁重的作业、考试的压力其实都不算太大的烦恼；感谢学校、老师、每一个我所遇见的人，教我要保持对这个世界的好奇和对生活的热情，教我用宽广的胸怀去接受别人的不同，教我在迷茫或者失落时如何去发现那个更好的自己。

还有一些想和学弟学妹们说的话，谈不上什么经验，毕竟这些道理最后都不是你们自己的人生，只能说是分享吧，我们共勉。不论是你自己还是别人，都不要让他们太早地对你下判断，每个人生中的岔路口你都有选择权，也许现在的你可能看上去平庸或者像他们说的"差劲"，但未来是靠自己创造的，人生的路很长。要一直有颗感恩的心，那些帮助和激励你的人，他们是在用自己的人生智慧扶持你成人长大，当然还有曾经看轻你的人，他们也是你成长的养料。要有梦想，可以是那些踮踮脚尖就触手可得的，也可以是看上去非常宏伟且遥不可及的，梦想会让我们变得不同。

我们有时会回母校走走，那些熟悉的楼道里仿佛还能看到过去的一幕幕画面，在这个地方总能找到一种安全感。最后，祝母校越来越好，成为更多人视为珍宝，无法割舍的一部分，祝我们的小同学们、校友们、所有教职员工们都能健康快乐、简单自由。

图书在版编目(CIP)数据

青春练习曲 / 刘爱国主编. —上海：上海教育出版社,2015.6
ISBN 978-7-5444-6317-1

Ⅰ.①青… Ⅱ.①刘… Ⅲ.①作文—高中—选集 Ⅳ.①H194.5

中国版本图书馆CIP数据核字(2015)第102273号

责任编辑 宁彦锋 王嫣斐
封面设计 陆 弦

青春练习曲
刘爱国 主编
————————————————————————————————
出 版 上海世纪出版股份有限公司
 上 海 教 育 出 版 社
发 行 中国图书进出口上海公司

版 次 2015 年 6 月第 1 版

书 号 ISBN 978-7-5444-6317-1/G·5175

www.ingramcontent.com/pod-product-compliance
Lightning Source LLC
Chambersburg PA
CBHW081231090426
42738CB00016B/3254